Potsdam und Sanssouci

Potsdam und Sanssouci

Gert von Bassewitz/Inge Maisch

Edition Ellert & Richter

Inhalt

Mit flirrendem Licht, weitläufigen Seen und verträumten Bauten bezaubert die Potsdamer Kulturlandschaft. Das Kleine Schloß Babelsberg ist aus einem in den Jahren 1841 und 1842 umgebauten Gartenhaus entstanden.

Prolog

Prolog

Potsdam – oder: eine Kulturlandschaft im Sumpf

Zwischen den hohen Bäumen blitzt die Sonne und läßt die Tautropfen auf der morgendlichen Wiese glitzern wie Diamanten. Für lange Augenblicke nichts als Vogelgezwitscher, grüne Weite, ein hell aufleuchtendes Bauwerk und das Wissen, hier haben über Jahrhunderte Herrscher, Könige und Fürsten ihre Träume verwirklicht – in Stein gehauen von herausragenden Architekten, Künstlern, Baumeistern und Handwerkern, in Landschaftsparks verwandelt von außergewöhnlichen Gartenarchitekten. Kunstwerke von höchstem Rang sind entstanden, so vollendet, daß die UNESCO im Januar 1991 das Gesamtkunstwerk Potsdam mit seinen mehr als 2 000 denkmalwürdigen Bauten und Objekten aus drei Jahrhunderten zum „Welt- und Kulturdenkmal" deklarierte und in die „World Heritage List" aufnahm. Landschaft und Kultur vereinigen sich in Potsdam zu einem ausgereiften Tanz, der bestimmt wird von den mild geschwungenen Hügeln der Havellandschaft und den originellen, manchmal fast bürgerlichen Schlössern, von einsamen Kirchen und von Bauten fremder Kulturen wie der Pyramide im Neuen Garten oder dem Dampfmaschinenhaus für die Fontänen von Sanssouci, das einer Moschee täuschend ähnlich nachempfunden ist.

Nichts in der herben und kargen Landschaft der Mark Brandenburg versprach, daß die sumpfige Flußlandschaft mit ihren vielen Gewässern einmal zu einer der herausragenden Kunstlandschaften der Welt werden würde mit Potsdam als feinsinnigem Kumulationspunkt – gewachsen über Jahrhunderte, kunstvoll arrangiert durch die Tatkraft vieler, die „am aparten Fluß", wie der Schriftsteller Theodor Fontane (1819–1898) in seinen Potsdamer Notizen die Havel beschrieb, ihre politischen und baulichen

Visionen zu verwirklichen suchten. Als Mitte des 17. Jahrhunderts Friedrich Wilhelm, der Große Kurfürst (geb. 1620, Kurfürst 1640–1688), die Insel Potsdam zu einem Ort erkor, dem er seine besondere fürstliche Fürsorge angedeihen lassen wollte, war die Stadt an Havel und Nuthe ein kleines Nest von kaum mehr als 700 Einwohnern, gewohnt, seit Jahrhunderten Spielball der Herrscher zu sein und durch den Dreißigjährigen Krieg (1618–1648) fast völlig entvölkert und ausgelaugt.
Weshalb der Hohenzollernfürst ausgerechnet Potsdam neben Berlin zu seiner zweiten wichtigen Residenzstadt machen wollte und damit den Grundstein zu der einmaligen Kulturgeschichte der Havellandschaft legte, ist nicht überliefert, wohl aber die Aufforderung seines Freundes und Ratgebers Johann Moritz Fürst von Nassau-Siegen (1604–1679), die dieser in einem Brief an Friedrich Wilhelm vom 20. August 1664 so formulierte: „das gantze Eyland muß ein Paradies werden ...“ Der große Wildreichtum mag den passionierten Jäger zunächst gelockt haben. Rasch wird jedoch sein kenntnisreicher Blick, den er nicht zuletzt auf einer vierjährigen Bildungsreise (1634–1637) durch die damals besonders fortschrittlichen Vereinigten Provinzen der Niederlande geschult hatte, das reizvolle Zusammenspiel von Wasser und noch immer weitgehend unberührter Landschaft erfaßt haben. Womöglich war es aber auch schlichte Sparsamkeit, die ihn an die Havel trieb: Wirkungsvolle Kompositionen von Schloß und Landschaft, in denen sich die Allmacht eines barocken und absolutistischen Herrschers seines Formats widerspiegelten, ließen sich über den freien Wasserflächen der Havel besonders eindrucksvoll – und besonders preisgünstig – herstellen. Eines ist sicher: mit seinen Stadt- und Landschaftsplanungen hat der machtbewußte und agile Kurfürst den Auf-

stieg des Potsdamer Sumpfgebiets zur Gartenlandschaft angeregt und befördert.
Potsdam ist alt, fast 250 Jahre älter als Berlin, doch seine kulturelle und politische Bedeutung gewann es erst vor drei Jahrhunderten. Spätestens seit der Mitte des vorigen Jahrhunderts verlor es schon wieder seinen fürstlich-königlichen Glanz, und die Welt der Politik nahm die Stadt an der Havel nicht mehr als eigenständigen Ort wahr. Die Teilung Berlins und Deutschlands nach dem Zweiten Weltkrieg brachte noch einmal eine durchaus als angenehm empfundene Unabhängigkeit: Fast 50 Jahre lang war Ostberlin weit entfernt, der direkt auf der anderen Seite der Glienicker Brücke liegende Westteil der Stadt aber unerreichbar. Potsdam entfaltete sich – bescheiden – zur Hauptstadt des Landes Brandenburg, mit allen Ungereimtheiten und Katastrophen, die der Sozialismus den Städten und ihren Bauten angedeihen ließ.
Jetzt, nach der Wende, droht es an seiner eigenen Schönheit zu zerbrechen. Großstadtmüde Berliner und erwartungsfrohe Neubürger der Metropolregion bedrängen mit ihrer Sehnsucht nach Kultur von Weltrang und kleinstädtischer Idylle die Stadt. Für das Kleinod Potsdam, das brutale Kriegszerstörungen und sozialistische Fehlplanung überlebt hat, steht zu befürchten, daß es in den Wucherungen der ausufernden Großstadt untergeht.

Klassisches Italien an der Havel: die Römischen Bäder in der weiten Parklandschaft von Schloß Charlottenhof.

Nicht mehr höfischer Prunk, sondern die Einfachheit des Landlebens galt vielfach als das Ideal in Architektur und Landschaftsarchitektur gegen Ende des 18. Jahrhunderts. In den komfortablen Bauten des Holländischen Ensembles in der Nachbarschaft des Marmorpalais wohnte der Hofstaat von König Friedrich Wilhelm II.

Geschichte der Stadt in Bildern

Eine Burg – oder: die Anfänge von Poztupimi

„Das ganze Land besteht aus Wiesen, Dickicht und Morast“, schrieb 973 der arabische Reisende Ibrâhîm ibn Ja qûb aus der Gesandtschaft des Kalifen von Cordoba, zu jener Zeit einer der mächtigsten Städte im arabischen Spanien, nachdem er die von den Slawen beherrschten Länder an Elbe und Havel besucht hatte. Seine detaillierten Darstellungen slawischer Befestigungen und Burgen geben ein lebhaftes Bild davon, wie diese gebaut wurden und aussahen, und die folgende Beschreibung trifft wohl auch auf die Befestigung in Potsdam zu: „Auf den Wiesen reich an Wasser und Gestrüpp stecken sie einen runden oder viereckigen Platz ab nach Form und Umfang der Burg . . ., graben ringsherum und schütten die ausgehobene Erde auf, die mit Planken und Pfählen nach Weise der Bastionen gefestigt wird, bis die Mauer die beabsichtigte Höhe erreicht. Auch wird für die Burg ein Tor abgemessen, an welcher Seite man will, und man geht auf einer hölzernen Brücke aus und ein.“
Die Landschaft des „Dickicht- und Morastlands“ ist nach der letzten Eiszeit und vor etwa 12 000 Jahren entstanden: Flüsse gruben sich in das weichhügelige Gelände ein und verbreiterten sich in den von Gletschern geformten flachen Becken zu oft weitläufigen Seen. Die 341 Kilometer lange Havel bildet in der Potsdamer Provinz allein 16 Seen. Vereinzelt von Nomaden durchwandert, blieb das sumpfige Tal des Flusses Jahrtausende unbesiedelt, bis sich in der Mittleren Steinzeit zwischen 8 000 und 3 000 v. Chr. die ersten Menschengruppen auf heutigem Potsdamer Altstadtgebiet niederließen, seßhaft wurden und begannen, Ackerbau und Viehzucht nachzugehen. Während der Völkerwanderung zogen vor allem slawische Wenden in die Region und errichteten um

800 n. Chr. die erste Burg in Potsdam – an der heutigen Großen Fischerstraße, etwa dort, wo später einmal die Heiliggeistkirche gebaut werden sollte. Sie haben wohl auch den Namen Potsdam, „Poztupimi", geprägt, was im Slawischen soviel wie „unter den Eichen" heißt und davon herrührt, daß das Havelgebiet eine Eichenlandschaft ist.
20 Jahre nach den Reisebeschreibungen des arabischen Gastes wird „Poztupimi" erstmals urkundlich erwähnt. Am 3. Juli 993 schenkte der damals dreizehnjährige Kaiser Otto III. (geb. 980, Kaiser 983–1002) seiner „lieben Tante Mathilde", der Äbtissin von Quedlinburg, zwei Siedlungen: „Poztupimi et Geliti", Potsdam und Geltow. Dieses Land gehörte ihm zwar keineswegs, er nutzte es aber für einen politischen Schachzug, um die herandrängenden Polen aufzuhalten und die Slawen, die in großen Tempelanlagen einen Herrn des Lichtes und der Finsternis verehrten und sich heftig gegen die Christianisierung wehrten, aus dem gerade neugegründeten Bistum Brandenburg zu vertreiben.
150 Jahre später wurde Potsdam Teil des Landesfürstentums Brandenburg, geschaffen und regiert von Albrecht dem Bären (um 1100–1170, 1134 Markgraf der Nordmark, eroberte zwischen 1136 und 1157 das Havelland und die Prignitz, seit 1150 Markgraf von Brandenburg) aus dem Fürstengeschlecht der Askanier, die aus dem Ostharz stammten. Zunächst wohnte der vom Fürsten als Vertreter eingesetzte Vogt in der noch vorhandenen alten slawischen Burg, später entstand direkt am Havelufer, beim Alten Markt, eine neue Anlage, die um 1230 in eine feste Burg aus Stein mit Mauern und Viereckssturm umgewandelt wurde. Ansonsten wurde im Mittelalter wenig gebaut. Die Siedlung Potsdam mit den armseligen strohgedeckten Häusern blieb trotz der 1317 erfolgten Ernennung zur Stadt ein unbedeuten-

der Flecken mit höchstens 1 500 Einwohnern, was schon die immer wieder achtlos geänderte Schreibweise des Ortes bekundet: Mehr als 50 verschiedene Schreibarten sind im Laufe der Jahrhunderte tradiert, beispielsweise Poztupimi, Potztamp, Botzan, Bostam, Postdampe, Puczthuem und Pozdupimi. In dem kleinen Städtchen, strategisch uninteressant und ohne Bodenschätze oder fruchtbares Ackerland, bot sich den Menschen ein eher kärgliches Auskommen als Handwerker, Ackerbauern und am einträglichsten noch in der Fischerei. Als Pfand zwischen den wegelagernden märkischen Adeligen war die Havelstadt allerdings begehrt. Siebzehnmal wechselten im Laufe der Jahrhunderte ihre Besitzer, häufiger als bei jeder anderen Stadt in der Mark Brandenburg.

Hohenzollern – oder: 500 Jahre lang ein Herrscherhaus in Potsdam

Mit einem Fürsten aus Franken begann sich die Geschichte der Stadt zu ändern: Friedrich I. (geb. 1371, Burggraf 1415–1440), Burggraf in Nürnberg, bekam 1415 von Kaiser Sigismund (geb. 1368, Kaiser 1410–1437) die Herrschaft über die Markgrafschaft Brandenburg, weil er die Bewerbung des Königs um die deutsche Kaiserkrone befördert hatte. Mit Friedrich I. begann auch die Herrschaft der Hohenzollern in Brandenburg, die fast auf das Jahr genau ein halbes Jahrtausend andauern sollte, bis sie am 28. November 1918 mit der Abdankung Kaiser Wilhelms II. (1859–1941, deutscher Kaiser 1888–1918) endete.

Wirkliches Interesse an Potsdam zeigte der erste Hohenzoller nicht. Immerhin ließ er die erste Brücke bauen, etwa an der gleichen Stelle, an der heute die Lange Brücke die Havel überspannt. Die Insel Potsdam war nun fest mit dem östlichen Flußufer verbunden, und die raschere Verkehrsanbindung zum Festland bot der Stadt erstmals eine wirkliche Chance, zu wachsen und sich zu entwickeln. Von den Hohenzollern-Fürsten eingesetzte Amtmänner mißbrauchten jedoch immer wieder ihre Macht und schröpften die Bürger, und zudem beendeten 1536 und 1550 zwei verheerende Feuersbrünste jedesmal das gerade beginnende zaghafte Aufblühen des kleinen Gemeinwesens. Die Grausamkeiten des Dreißigjährigen Kriegs (1618–1648) fast hundert Jahre später taten ein übriges: Spätestens von 1626 an war die Mark Brandenburg das Schlachtfeld aller um Boden und Religion kämpfenden Truppen, und am Ende des sinnlosen Blutvergießens war sie ein völlig verwüsteter Landstrich. Wurden 1631 in Potsdam 18 Kinder geboren, starben im gleichen Jahr 471 Menschen. 1648 lebten statt 2 000 Einwohnern wie vor dem Krieg nur noch etwa 700 Menschen in der Stadt, und Potsdam war noch immer nicht viel mehr als ein armseliger kleiner Marktflecken.

Toleranz – oder: die ökonomischen Vorzüge der Religionsfreiheit

Schulterlanges, glänzendes dunkles Haar, das auf einen steifen weißen, breiten Kragen fällt, ein offener neugieriger Blick aus einem selbstbewußten Gesicht, dessen markante Nase Temperament verrät – so malte der holländische Maler Govaert Flinck (1615–1660), einer der besten Schüler Rembrandts, 1653 den Großen Kurfürsten Friedrich Wilhelm. Anders als sein Vater, Kurfürst Georg Wilhelm (geb. 1595, Kurfürst 1619–1640), der schwermütig über sein ruiniertes Land lamentierte, ohne sich jedoch für seine Untertanen einzusetzen, ließ sich der mit 20 Jahren an die Regierung gelangte Herrscher vom trostlosen Zustand der kriegszerstörten Region nicht schrecken. In den letzten Jahren des Dreißigjährigen Kriegs vermehrte er durch eine geschickte Bündnispolitik noch rasch sein brandenburg-preußisches Staatsgebiet, und nach 1648 begann er sofort und energisch mit dessen Wiederaufbau. Um das wieder einmal verpfändete Potsdam mußte er allerdings jahrelang kämpfen, ehe er es 1660 von der adligen Familie Hacke, die im Schloß hauste, zurückbekam. Zusammen mit Dörfern wie Nedlitz, Geltow, Bornim, Caputh und Glienicke, die er adligen Familien abwarb, legte er es zur „Herrschaft Potsdam" zusammen. Bereits ab 1652 entwarf er mit seinem Freund und Berater Johann Moritz Fürst von Nassau-Siegen, der sich schon in Kleve mit führenden holländischen Künstlern eine neue Residenz geschaffen hatte, die ersten Pläne für eine ausgedehnte und wohlkomponierte Parklandschaft mit gut zu befahrenden Straßen, langen Alleen und einem Schloß als Zentrum. Seine Gärten und Werke bildeten den Anfang der großartigen Potsdamer Architektur-Landschaft, die in den Gesamtkunstwerken des Landschaftsarchitekten Peter Joseph Lenné und des Architekten Karl Friedrich Schinkel etwa 200 Jahre später ihre Vollendung finden sollte.

Das erste Bauprojekt des Großen Kurfürsten in Potsdam war der Abriß der mehrfach umgebauten und teilweise verfallenen Burg und der Aufbau des Stadtschlosses am Alten Markt durch den in Holland geschulten Baumeister Johann Gregor Memhardt (um 1615–um 1678). In dem elegant-schlichten und modernen Neubau, der zu seinem Lieblingsschloß wurde und den er mit Meisterwerken großer Künstler schmückte, darunter Gemälden von Lucas Cranach und Peter Paul Rubens, begann er sich ab 1671 mehr und mehr aufzuhalten.

Im Lauf der Zeit ließ er dann in Bornim, Caputh und Glienicke drei reizvoll gelegene Lustschlösser

planen und errichten und durch Alleen und Sichtachsen mit dem Potsdamer Stadtschloß verbinden. Für oft nur wenige Stunden begab sich der Hof in meist prächtig geschmückten Schiffen zu den an der Havel gelegenen kurfürstlichen Sommerresidenzen und lustwandelte in den kunstvoll angelegten Gärten. Der Fürst bevorzugte dafür seine „Große Yacht“, ein bequemes und flaches Segelschiff, das er aus Holland hatte kommen lassen und das einer seiner Nachfolger, der Soldatenkönig, 1716 mit allen „ökonomischen Geschirren . . ., zugleich mit dem unschätzbaren Bernstein-Cabinet, das in der Welt nicht seinesgleichen hatte . . ., dem großen Kayser von Rußland Peter Alexiewitz zum Geschenk“ machte.
Allein Schloß Caputh, 1662 von Philipp de Chieze am Templiner See erbaut und ein barockes Baudenkmal von hohem Rang in Brandenburg, ist heute noch als Schloßanlage weitgehend erhalten, mit einem Schloßgarten, den Peter Joseph Lenné 1820 in einen Landschaftspark umgeformt hat.
Friedrich Wilhelm war zwar ein absolutistischer Herrscher, der großen Wert auf Repräsentation und Darstellung seiner Macht legte, rücksichtslos seine Vorstellungen von einem Militär- und Beamtenstaat durchsetzte und den Untertanen viel Geld für die schlagkräftigen Truppen abpreßte: Sein stehendes Heer war bei 1,5 Millionen Einwohnern in Preußen 30 000 Mann stark, und so war Potsdam schon zu seiner Zeit eine vom Militär geformte Stadt. Gleichzeitig zeigte sich Friedrich Wilhelm jedoch als großer Pragmatiker und toleranter Fürst. Er holte holländische Berater, Handwerker, Kaufleute und Künstler nach Preußen und ließ sich von ihnen in Potsdam eine Fayence-, Seiden- und Damastfabrik nach holländischem Vorbild bauen. Am 8. November 1685 bot er den im katholischen Frankreich wegen ihres

Glaubens bitter verfolgten calvinistischen Hugenotten mit dem „Chur-Brandenburgischen-Edict“, dem Edikt von Potsdam, in seinem Fürstentum Asyl. Mehr als 20 000 Hugenotten, meist qualifizierte Handwerker und Kaufleute, fanden in dem immer noch von den Kriegswirren gezeichneten Land eine neue Heimat und halfen mit ihrer geistigen Unabhängigkeit und ihrem sprichwörtlichen Fleiß kräftig mit, den Staat kulturell und wirtschaftlich zum Blühen zu bringen und die Sitten im rauhen Norden rasch zu verfeinern.
Sie waren nicht die einzigen religiös Verfolgten, die an die Havel kamen: 50 aus dem habsburgischen Wien unter Kaiser Leopold I. vertriebenen wohlhabenden jüdischen Familien war es bereits 1671 gestattet, sich mit einem Schutzzoll in Brandenburg einzukaufen. Dank der kurfürstlichen Ansiedlungsstrategie, die nicht nur von geistiger Liberalität geprägt, sondern auch ökonomisch begründet war, wurde Brandenburg zu einem Schmelztiegel unterschiedlicher Völker, und in der preußischen Politik verankerte sich der Gedanke der religiösen Toleranz auf lange Sicht. Etwa hundert Jahre später, 1766, wurde in Potsdam die erste Synagoge gebaut, finanziert von zwei „ehrbaren Kaufleuten der Stadt“, beide Christen, und am 11. März 1812 bekamen Bürger jüdischen Glaubens in Preußen die vollen staatsbürgerlichen Rechte – in den meisten anderen deutschen Staaten erst später. 1938 wurde die neue Synagoge am Wilhelmplatz geschändet, 1945 von den Bomben der Alliierten zerstört.
Der Sohn des Großen Kurfürsten, Kurfürst Friedrich III. (geb. 1657, Kurfürst 1688, König 1701–1713), seit 1701 Friedrich I. König in Preußen, schätzte Potsdam als Wohnort nicht sehr. In dem noch immer bescheidenen Städtchen an der Havel konnte er seinen Hang zu einer prunkvollen und ausschweifenden

Hofhaltung nicht so ausleben wie in Berlin, das er zur prächtigen barocken Residenzstadt ausbaute. Am Ende seiner Regierungszeit war das Land wieder einmal dem Ruin nahe, und Potsdam lief Gefahr, erneut in die Bedeutungslosigkeit hinabzusinken.

Soldaten – oder: Potsdam wird zur Garnisonsstadt

Angewidert von den Lebensvorstellungen seiner verschwendungssüchtigen Eltern führte Friedrich Wilhelm I. (geb. 1688, König 1713–1740), kaum daß er das Sagen hatte, einen rigorosen Sparkurs ein. Der „Soldatenkönig", der sich für höfisches Zeremoniell nicht interessierte, kümmerte sich intensiv um den Ausbau Potsdams zur Garnisonsstadt und blühenden Residenz und tat sicherlich ähnlich viel für die Stadt wie später sein Sohn Friedrich der Große, der immer wieder als ihr eigentlicher Gestalter herausgestellt wird. Zählte Potsdam 1713, zu Beginn der Regierungszeit von Friedrich Wilhelm I., gerade 1 500 Einwohner und 199 Häuser, waren es 27 Jahre später 12 000 Einwohner in 1 163 Häusern und außerdem noch einmal 8 000 Soldaten. Seine geradezu neurotische Leidenschaft für das Militär nämlich, für das Exerzieren und besonders für die Langen Kerls, eine Elitegarde von Soldaten, lebte er ungebremst aus. Einer Legende zufolge soll er für einen besonders langen Iren 9 000 Reichstaler bezahlt haben. Quer durch Europa schickte er seine Späher, damit sie ihm mehr oder weniger freiwillig Rekrutierte verschafften.

Seine Soldaten, mit denen er nur einmal ins Feld zog – er selbst zettelte keinen einzigen Krieg an –, wurden in Potsdam nicht in Kasernen, sondern in den Häusern der Bürger einquartiert. Jeder Haushalt mußte zwei Grenadiere aufnehmen und für ihr leibliches Wohl und die Wäsche sorgen. Der König nahm sich von dieser Anordnung nicht aus und bot sechs Soldaten Unterkunft im Schloß. Erstmals bekamen die Soldaten einen festen Wehrsold und eine solide Ausbildung, auch im handwerklichen Bereich, denn sie mußten den vom König forcierten Hausbau in Potsdam kräftig unterstützen. Der Unterhalt seines stehenden Heers, das er mit eiserner Disziplin und hartem Drill zusammenhielt, kostete fast zwei Drittel des gesamten Staatsetats.

Friedrich Wilhelm I. gründete seine Macht auf den unbedingten Gehorsam seiner Untertanen, die Pflichttreue seiner Beamten, eine sparsame und straff durchorganisierte Verwaltung, ein stehendes Heer und die Wertschätzung des Adels, der die Offiziere der Armee stellte und dessen Grundbesitz im allgemeinen steuerfrei blieb, während Bürger und Bauern die Steuerlast trugen. Der preußische Militär- und Beamtenstaat mit seiner strengen Standesordnung war geboren.

Während der Herrschaft des Pietisten, einer „grämlichen Mischung von Feldwebel, Bürokrat und Schulmeister“, wie Karl Marx einmal schrieb, entwickelte sich Potsdam zu einer von militärischen Anforderungen geprägten Manufaktur- und Gewerbestadt: Für die Uniformen galt es, das Tuch herzustellen, es gab Wollwebereien, außerdem Brauereien, Gewehrmanufakturen und die von den Brüdern Samuel und Pierre Schock gegründete erste Tabakfabrik Preußens. Kulturell war Friedrich Wilhelm I. kaum engagiert, Intellektuelle und Geisteswissenschaftler lehnte er ab. Sparsam wie er war, vertrieb er die talentiertesten Künstler und Baumeister an andere Höfe, wo sie mehr geschätzt und besser bezahlt wurden. Immerhin: Er malte mit Begeisterung und mit einem gewissen künstlerischen Talent seine Langen Kerls mit großglubschigen Augen, und er stattete sein äußerst schlichtes, im holländischen Stil gehaltenes

Wie einst die langen Kerls sind die Häuser im Holländischen Viertel nebeneinander aufgereiht und säumen die Straßen. Der Soldatenkönig Friedrich Wilhelm I. wollte mit den wohlausgestatteten zweigeschossigen Bauten aus unverputztem Backstein holländische Handwerker nach Potsdam locken.

Jagdschloß Stern (1730–1732) mit eigens von ihm geschnitzten Stühlen aus. Religiöse Toleranz war für ihn selbstverständlich: „Kinder, ihr sollt es gut bei mir haben“, soll er salzburgischen Glaubensflüchtlingen zugerufen haben, die sich in Preußen eine vorurteilsfreie Umgebung erhofften. Überzeugt, daß ein absolutistischer Herrscher wie er allmächtig und gütig zugleich zu sein habe, unterstützte er, so gut er konnte, jeden, der sich seinen Vorstellungen von Recht und Ordnung unterwarf und sein Lebensmotto von Pflichterfüllung, Arbeitsamkeit und Sparsamkeit akzeptierte: „Parol auf dieser Welt ist nichts als Müh und Arbeit.“

„Flausen“ im Kopf waren dem Choleriker ein Greuel und beängstigten ihn bei seinem Sohn, den er mit äußerster Härte erzog: Dieser interessierte sich als Kronprinz scheinbar für nichts anderes als für die brotlose Kunst, für Musik und fürs Versemachen, für Philosophie und die Ideen der Aufklärung, um sich dann als König Friedrich II. (der Große, geb. 1712, König 1740–1786) als passionierter Soldat und äußerst sparsamer Regent zu erweisen. „Nichts von Gehaltserhöhung für die Beamten“, schreibt Thomas Mann 180 Jahre später: „Von Vertrauensseligkeit, Lässigkeit, Sorglosigkeit – auch nicht eine Spur. Jedem wird auf die Finger gesehen, wie nie zuvor. Damals war es, daß Baron von Pöllnitz, Oberzeremonienmeister, wörtlich den Seufzer tat: ‚Ich wollte hundert Pistolen geben, wenn ich den alten Herrn wiederhaben könnte!‘“ Das militärische Potsdam wird nicht etwa ein Ort der zivilen Herrschaft mit einem literarischen König im seidenen Schlafrock. Das Militär, die ziemlich kostspielige Liebhaberei des alten Herrn, die an den europäischen Höfen belächelt, aber bei keiner politischen Auseinandersetzung ins politische Kalkül gezogen wurde, ist auf einmal „die Macht des Staates“ und

„die Schulter, auf der Preußen ruht". Zwar ließ der achtundzwanzigjährige, kurzsichtig-blauäugige König 1740 am Tag nach der Beerdigung seines Vaters die Elitegarde der Langen Kerls auflösen, ansonsten baute er jedoch das Heer konsequent weiter auf und hatte am Ende mehr als 180 000 Soldaten in seinen Diensten, 100 000 mehr als sein Vater, der „Soldatenkönig". 9 000 davon waren in Potsdam stationiert, das inzwischen auf fast 20 000 Einwohner angewachsen war und mehr denn je einer Garnisonsstadt glich.

Zwiespältig – oder: Potsdam und der Philosoph auf dem Thron

Zunächst war Potsdam kein Ort, an dem Friedrich der Große leben wollte. Die nüchterne Stadt, von einer hohen Mauer, Palisadenzäunen und Wällen umgeben, die sein Vater hatte bauen lassen, um die Soldaten am Desertieren zu hindern, eine Kleinstadt mit Häusern, die oft noch aus Holz gebaut waren, und mit einem Schloß, das statt eines Gartens einen Exerzierplatz hatte, schien ihm wenig reizvoll. Allerdings führte er sofort die zweite barocke Stadterweiterung, die sein Vater 1732 angefangen hatte und zu der das Holländische Viertel gehörte, weiter und vollendete sie schließlich 1742. Aber es dauerte vier Jahre, ehe er seinem Freund aus den unbeschwerten Rheinsberger Kronprinzentagen, dem Architekten Georg Wenzeslaus von Knobelsdorff (1699–1753), den Auftrag gab, das Stadtschloß zu einer prächtigen Winterwohnung mit prunkvoller Fassade auszubauen. Friedrich dem Großen, der das geschäftige und umtriebige Berlin wenig mochte und doch gleichzeitig energisch in eine große Residenz umwandelte, war dann auch noch Potsdam zu groß für seine Sehnsucht nach Einsamkeit, nach dem Landleben, das er als „natürlicher, behaglicher, ehrlicher und ungezwungener empfand“, wie er seinem Bruder schrieb. Am 14. April 1745 legte er auf einem Hügel außerhalb der Stadt, dem Wüsten Berg, den Grundstein für sein Lustschloß, für Sanssouci, und damit für die Entwicklung Potsdams zu einer Gartenstadt. So rätselhaft und zwiespältig wie seine Persönlichkeit – er war die Liebenswürdigkeit selbst und einen Augenblick später ein ausgemachter Zyniker, sparsam bis zur Kleinlichkeit, generös und großherzig, musisch und von äußerster soldatischer Härte, er verachtete die Menschen und sorgte gleichzeitig dafür, daß es vielen von ihnen in Preußen gutging – war auch sein Interesse an der Stadt. Er kämpfte – entgegen der Legende – um den Erhalt der Mühle in seiner Nachbarschaft, deren Klappern er liebte und die zu seinen Vorstellungen von einem Leben auf dem Land gehörte, wie er es in der Residenz Potsdam suchte. Andererseits führte „der Philosoph auf dem Thron“ zumindest in den ersten Jahren „meines Schlößchens“, wie er Sanssouci nannte, ein großes Haus mit zahlreichen illustren Gästen, Künstlern, Philosophen – darunter François Marie Arouet, genannt Voltaire (1694–1778) –, Musikern und Schriftstellern aus aller Welt. Er ließ in der Stadt für Offiziere und Künstler prächtige Miniaturpaläste bauen und veranlaßte den Umbau des Alten Markts zu einem der schönsten Stadtplätze des 18. Jahrhunderts. Von ihm initiierte Manufakturen für Bleistifte, Tapeten und Nähnadeln wie auch die Zucht der Seidenraupen, für die er in Potsdam 20 000 Maulbeerbäume pflanzen ließ, lockten viele Arbeitskräfte in die Stadt. Neue Viertel entstanden, die Jägervorstadt und die Brandenburger, Nauener, Berliner und Teltower Vorstädte, die kranzförmig die barocke Innenstadt umgaben.

Potsdam war jetzt endgültig nicht mehr die Stadt im

Sumpf, sondern innerhalb von wenigen Jahrzehnten zu einer lebendigen Residenzstadt geworden. Während der Regierungszeit Friedrichs des Großen wurde von Potsdam aus internationale Politik gemacht wie selten zuvor und kaum später einmal wieder. Friedrich der Große regierte in Preußen absolutistisch. Er, der König, hatte uneingeschränkte Macht über seine Untertanen. Rat für die Regierungsgeschäfte holte er sich von vielen klugen Männern, die politischen und militärischen Entscheidungen aber traf er allein.
Potsdam war nun eine der schönsten Städte Preußens mit einer Vielzahl von Industrien und Handwerksbetrieben und zunehmend auch von bürgerlichen Einrichtungen. Wie im ganzen Land hatten sich auch an der Havel Menschen aus vielen Ländern niedergelassen. In den 46 Jahren seiner Regierungszeit wanderten über 300 000 Menschen nach Preußen ein, hatte Friedrich der Große doch versprochen: „hier mus ein jeder nach Seiner Faßon Selich werden“.
Und als einem Katholiken die Bürgerrechte nicht gewährt werden sollten, entschied er: „Und wen Türken und Heiden kähmen und wollten das Land pöpliren, so wollen wir sie Mosqueen und Kirchen bauen.“
In der Parklandschaft Potsdam verwirklichte er seine architektonischen Träume und baute in Sanssouci alles, was ihm gefiel, ohne sich auf einen bestimmten Baustil festzulegen: so beispielsweise ein chinesisches Teehaus, einen antiken Ruinentempel, eine Bildergalerie, die als einer der ersten Museumsbauten in Europa gilt, und eine „fanfaronade“, wie er es nannte, eine „Großsprecherei“, gerade eineinhalb Kilometer vom Zwölfzimmerschloß Sanssouci entfernt: das im strengen Barockstil errichtete Neue Palais. Mit mehr als 200 Zimmern und mit Kabinetten, Festsälen, einem Theater und 488 Statuen war es schon zur Erbauungszeit ein unmoderner, kalter

Folgende Doppelseite: Prächtig und prunkvoll erhebt sich das Neue Palais in der Weite der Gartenlandschaft von Sanssouci.

Bau, der sich dem Nichts zuwendet und die in Stein gehauene Vereinsamung des „Alten Fritz“ ist.
Am Ende seines Lebens müde, störrisch, desillusioniert und verbittert von den vier Kriegen gegen den habsburgischen Kaiserstaat, in denen er vor allem Schlesien und Westpreußen erobert hatte und nach denen Preußens Stimme im Konzert der europäischen Großmächte nicht länger zu überhören war, interessierte Friedrich II. die Baukunst nicht mehr. Dagegen kümmerte er sich bis zum Schluß rastlos um den Ausbau seines Landes, rief ganze Industrien hervor, gründete über 900 Dörfer, ließ Straßen bauen, Kanäle für die Entwässerung und Kultivierung zahlreicher großer Sumpfgebiete ziehen und setzte gegen den Widerstand der Bauern die Kartoffel in Preußen durch. Jedes Jahr reiste er durch seine Provinzen. Sanssouci war der Ruhepol, an den er immer wieder zurückkehrte und wo er am 17. August 1786 starb.

Lebenslust – oder: die Potsdamer Pompadour

Friedrich der Große war kinderlos geblieben. Schon zu Lebzeiten hatte er deshalb den ältesten Sohn seines Bruders zu seinem Nachfolger bestimmt. Der lebensfrohe und menschenfreundliche Friedrich Wilhelm II. (geb. 1744, König 1786–1797) stand seinem Onkel nicht besonders nahe. Nicht zuletzt deshalb, weil dieser die Liebe des „dicken Wilhelm“, wie die Preußen den Nachfolger nannten, zu Wilhelmine Enke vehement ablehnte. Die augenscheinlich schöne Tochter des Hofmusikers Enke war dem jungen Kronprinzen als Dreizehnjährige begegnet, er verliebte sich leidenschaftlich in die kluge junge Frau, und sie blieb zeit seines Lebens seine liebste Mätresse, Favoritin und politische Ratgeberin. Die kurzen Jahre seiner Regierungszeit waren von „größter Liederlichkeit" geprägt, wie Gottfried Schadow (1764–1850), der damals bedeutendste Bildhauer Preußens, schrieb: „Alles besoff sich in Champagner, fraß die größten Leckereien, frönte allen Lüsten. Ganz Potsdam war wie ein Bordell; ... Frauen und Töchter bot man um die Wette an, die größten Adeligen waren am eifrigsten." Nach der in den späteren Jahren freudlosen Herrschaft des „Alten" akzeptierten die Potsdamer zunächst einmal die Lebenslust ihres neuen Königs, zumal er gleich zu Beginn seiner Regierungszeit die Zwangseinquartierung von Soldaten in den Bürgerhäusern aufhob. Mehr als 70 Jahre lang war die gesamte Stadt eine Art Kasernenhof gewesen.

Am Ende hinterließ Friedrich Wilhelm II. in der Herrschaft Potsdam außer vielen Schulden wenige, aber bedeutsame Spuren: Er verehrte der Stadt ein Opernhaus, und er veranlaßte den Bau des klassizistischen Marmorpalais im Neuen Garten, des ersten Gartens im englischen Stil am Ufer des Heiligen Sees. Der Schriftsteller Theodor Fontane wählte in seinem in der Zeit um 1806 angelegten Roman „Schach von Wuthenow" das Schloß als Ausflugsziel für Frau von Carayon: Diese reist aus Berlin zum König (damals Friedrich Wilhelm III., verheiratet mit Königin Luise) nach Potsdam, damit er ihr helfe, die Schmach einer unehelichen Schwangerschaft ihrer Tochter Victoire in eheliches Glück mit Rittmeister Schach von Wuthenow umzuwandeln. Sie läßt sich am Abend vor der Audienz durch die Potsdamer Parklandschaft kutschieren: „In dem Gitterwerk der Blätter aber glomm und glitzerte die niedergehende Sonne. Frau von Carayon vergaß über dieser Schönheit all ihr Leid und fühlte sich dem Zauber derselben erst wieder entrissen, als der Wagen aus dem Uferweg abermals in den großen Mittelgang einbog und gleich danach vor einem aus Backstein ausgeführten, im übrigen aber mit Gold und Marmor reich geschmückten Haus hielt. ‚Wem gehört es?' ‚Dem König.' ‚Und wie heißt es?' ‚Das Marmorpalais.' ‚Ah, das Marmorpalais. Das ist also das Palais . . .'" – Eine von den zeitgenössischen Lesern des Romanciers wohlverstandene Anspielung auf die Lebenslust und Verführungskunst des „dicken Wilhelm".

Friedrich Wilhelm II. ließ das im Vergleich zu Sanssouci modern und komfortabel ausgestattete Marmorpalais in Sichtverbindung mit dem Lustschloß auf der Pfaueninsel errichten, in das er sich gern mit Wilhelmine Enke zurückzog. 1794 ordnete er an, endlich die Straße von Berlin, die bis Zehlendorf längst gepflastert war, auch bis Potsdam mit Steinplatten zu befestigen. Die Reise mit der Pferdekutsche dauerte so zwischen Berlin und Potsdam statt sechs nur noch vier Stunden. Die Havelstadt blieb die wichtigste Militärstadt Preußens, doch daneben entwickelte sie sich langsam zu einer Sommerresidenz der Berliner, mit großen Landhäusern und Villen an den Havelufern.

Stürmische Zeiten – oder: Napoleon in Potsdam

Währte die Regierungszeit des lebenslustigen Königs gerade 13 Jahre, bestimmte sein Sohn Friedrich Wilhelm III. (geb. 1770, König 1797–1840) fast ein halbes Jahrhundert das Schicksal Preußens. Anders als seine Vorgänger war er nicht mehr davon überzeugt, daß er allein wisse, wie die preußische Politik zu gestalten sei. Minister wie Heinrich Friedrich Karl Reichsfreiherr vom und zum Stein (1757–1831) oder ein Staatskanzler wie Karl August Fürst von Hardenberg (1750–1822) führten in Preußen liberale Reformen durch. So hoben sie beispielsweise 1807 die Leibeigenschaft der Bauern und 1810 die strenge

Schon als antike Ruine errichtet: die halb in die Erde gebaute Küche am Heiligen See. Mit dem Marmorpalais verbindet sie ein unterirdischer Gang, durch den die Speisen in den klassizistischen Bau transportiert wurden.

Gliederung der Stände auf. 1808 führten sie die Selbstverwaltung der Städte und eine moderne Organisation des Staates ein, 1810 die eingeschränkte Gewerbefreiheit, 1814/15 den abschließenden Umbau des Heeres und die allgemeine Wehrpflicht.
Den preußischen Reformen war der Krieg gegen Napoleon vorausgegangen, der am 14. Oktober 1806 in den Schlachten von Jena und Auerstedt zu einer totalen Niederlage geführt hatte, die von einem völligen Zusammenbruch der preußischen Armee und dem Ende des friderizianischen Mythos von der Unbesiegbarkeit preußischer Truppen begleitet wurde. Die militärische Katastrophe hatte die inneren Mängel des reformbedürftigen Staates mit seiner unerbittlichen Standesordnung aufgedeckt und ermöglichte die weitreichenden Neuerungen. Am Ende siegten allerdings die Gegner der Liberalisierung; Stein und Hardenberg wurden ins Abseits geschoben, ihre Reformen verwässert oder aufgehoben.
Eine bittere Enttäuschung für viele war das Verhalten des Königs. Nach den Siegen in den Freiheitskriegen 1813–1815, die Preußen wieder als europäische Großmacht etabliert hatten, brach er sein Versprechen, in seinem Königreich eine demokratische Verfassung zuzulassen. Dabei hatte er vor allem durch seinen Aufruf „An mein Volk" unzählige Freiwillige, die sich von der Befreiung von den napoleonischen Truppen und von der Besatzung auch politische und persönliche Freiheiten versprachen, für den Kampf gegen die Franzosen gewonnen. 30 Jahre später, nach der Revolution von 1848, sollte sein Sohn und Nachfolger Friedrich Wilhelm IV. (geb. 1795, König 1840–1861) noch einmal genau das gleiche tun. Im preußischen Junkerstaat blieb die herrschende Klasse nicht nur weiterhin bestimmend, sondern die Arroganz und Überheblichkeit des Adels nahm im Lauf des 19. Jahrhunderts sogar noch zu.

Potsdam brachte der Sieg Napoleons und seiner Armeen über Preußen einen zweitägigen Besuch des französischen Kaisers in der Residenzstadt am 24. und 25. Oktober 1806 und zwei Jahre schmerzlicher französischer Besatzung. Voller Verwunderung entdeckte Napoleon in Schloß Sanssouci den von der preußischen Königsfamilie bei ihrer Flucht zurückgelassenen Degen und das Ordensband Friedrichs des Großen. Zusammen mit vielen kostbaren Kunstschätzen schickte er diese Symbole für glanzvolle militärische Leistungen Preußens nach Paris, voller Anerkennung für die Genialität des „Alten Fritz". Bei seinem Besuch der Garnisonkirche soll er am damals noch dort aufgestellten Sarg des von ihm verehrten Herrschers gesagt haben: „Wenn du noch lebtest, stünde ich nicht hier." Die Garnisonkirche blieb dann auch als einzige Potsdamer Kirche von der Umwandlung in ein Munitionslager oder einen Pferdestall der französischen Armee verschont.
Für Potsdam war die französische Besatzungszeit wegen der hohen Reparationsleistungen von mehr als 2,5 Millionen Talern ein wirtschaftliches Desaster. Erst mit dem zunehmenden Zuzug behördlicher Einrichtungen, die nach den Reformen entstanden, etwa der neuen kurmärkischen Regierung oder der Oberrechnungskammer, kam wieder Geld in die Stadtkasse, und der Ort an der Havel wurde allmählich zu einer Beamtenstadt. Der Bau einer Eisenbahnverbindung zwischen Berlin und Potsdam von 1837 bis 1838 mit Sitz der Eisenbahngesellschaft in Potsdam brachte dann eine raschere Anbindung an die Großstadt und ganz neue Berufe mit sich.
Potsdam blieb dennoch vor allem eine Soldatenstadt, besonders während der berühmten Frühjahrsmanöver, zu denen König Friedrich Wilhelm III. jedes Jahr sechs Wochen reiste und von denen Königin Luise sagte, daß der Tagesablauf „sehr einförmig" sei,

Das Erstlingswerk eines großen Meisters – frisch restauriert und nicht zuletzt wegen seines weiten Ausblicks auf Potsdam als Ort für Feste und Empfänge begehrt: der Pomonatempel auf dem Pfingstberg, 1800 von dem neunzehnjährigen Architekten Karl Friedrich Schinkel für den Hofrat Karl Ludwig von Oesfeld erbaut.

„aber ein Soldatenweib muß ihrem Beruf nachgehen, und das tue ich." Der Lärm der Waffen, der Kanonen und der ständig Befehle schreienden Offiziere mischte sich mit den Tönen der Glockenspiele der Garnisonkirche „Lobet den Herren" zur vollen und „Üb' immer Treu und Redlichkeit" zur halben Stunde in der Stadt zu einer gleichförmig-melancholischen Musik. Der Dichter Heinrich Heine (1797–1856) hat die Kasernenstadt in seinen „Reisebildern" (1826–1831), an deren drittem Band er 1829 in Potsdam arbeitete, als eintönig beschrieben: „durch seine öden Straßen wandern wir wie durch die hinterlassenen Schriftwerke des Philosophen von Sanssouci"; und er, dem Militär wenig behagte, klagte über die Havelstadt in einem Brief an Moses Moser vom 22. April 1829: „Ich sehe hier nichts als Himmel und Soldaten." Nach den militärischen Erfolgen der Freiheitskriege förderte der ernsthafte und spröde König Friedrich Wilhelm III. wieder die Künste in Potsdam. Getragen von familiärem Glück und der dauerhaften Liebe zu seiner Frau, der von den Potsdamern hochverehrten, anmutigen und klugen Königin Luise von Mecklenburg-Strelitz, war er zwar ein sparsamer, aber kein geiziger Herrscher, auch nicht seinen Kindern gegenüber. Alle drei Söhne bekamen von ihm Schlösser und Landhäuser geschenkt, allerdings nur dann, wenn der Staatshaushalt es erlaubte.

Das Lieblingsschloß von „Papa" und „Mama" und den „lieben Kinderchen" war Paretz (1797–1798). Dorthin flüchtete König Friedrich Wilhelm III. mit seiner Gemahlin und den Söhnen oft, wenn unangenehme Entscheidungen anstanden. In dem schlichten Schlößchen und dem zwischen 1797 und 1804 für den Sommeraufenthalt der königlichen Herrschaften völlig neu aufgebauten Dorf, einem der gelungensten Beispiele preußischer Baukunst auf dem Land, konn-

ten sie ihre Neigung zu ländlicher Idylle ungestört ausleben: Die Königin tanzte beim Erntedankfest mit den Bauern, der König spielte Billard, wenn es regnete.
Friedrich Wilhelm III. war von der Baukultur angetan, und er überschüttete herausragende Künstler seiner Zeit, besonders Peter Joseph Lenné und Karl Friedrich Schinkel, mit Aufträgen und mit weitreichenden Kompetenzen. Schinkel war ab 1838 für das Bauen in allen preußischen Provinzen die oberste Instanz, und in Potsdam durfte kein Schloß und kein Haus ohne seine Zustimmung errichtet werden. Ähnliches gilt für Lenné: seit 1828 hatte er als königlicher Gartendirektor alle Potsdamer Residenzgärten unter sich.

Glanzvolles Kunstschaffen – oder: die Träume von Friedrich Wilhelm IV.

Auch wenn er die Ideen von Schinkel und Lenné förderte, so bremste Friedrich Wilhelm III. auch wieder die Tatkraft der beiden außergewöhnlichen Männer, wenn ihn ihre Pläne zuviel kosteten. Anders sein Sohn, der „Romantiker auf dem Thron“: Schwach und begabt zugleich, hatte Friedrich Wilhelm IV. sich schon früh fast ausschließlich mit Kunst und Architektur beschäftigt, viele Tausende von Zeichnungen und Plänen angefertigt und gemeinsam mit Lenné und Schinkel begonnen, in Potsdam seine Italiensehnsucht und seine Begeisterung für die Schönheit der Bauten des Südens umzusetzen. Später, als König, beendete er die Sparpolitik seines Vaters zugunsten der Verwirklichung seines Traums, der Verwandlung Potsdams in eine romantische Kulturlandschaft mit südländischer Anmutung und nach antikem Vorbild: In der Landschaft der kargen Mark gelangt die klassizistische Baukunst zur höchsten ästhetischen Blüte, und die von höfischem Zeremoniell und kulturellem Engagement bestimmte Stadt mit ihren inzwischen der Öffentlichkeit zugänglichen Gärten wird in diesen Jahren zu einem reizvollen Reiseziel für Besucher aus aller Welt.

Das vollendetste Ergebnis der Zusammenarbeit von Schinkel, Lenné und Friedrich Wilhelm IV., an dem die Anteile des Einzelnen gar nicht mehr auszumachen sind, ist das Schloß Charlottenhof, das der Kronprinz 1825 als Gut von seinem Vater bekommen hatte. Schinkel nutzte die Mauern des Gebäudes aus dem 18. Jahrhundert und machte mit Hilfe seines Schülers und Baumeisters Ludwig Persius (1803–1845) daraus nicht nur eines der schönsten klassizistischen Schlösser, sondern schuf mit den Römischen Bädern und anderen in der von Lenné konzipierten Gartenlandschaft bewußt plazierten Gebäuden ein ganzes „Gebiet Charlottenhof".

Kurz nach der Thronbesteigung von Friedrich Wilhelm IV. starb Karl Friedrich Schinkel – für den nach Harmonie und geistig-kulturellem Austausch süchtigen König ein unerträglicher Verlust. Die Politik war ihm ein Greuel. Mehr noch als sein Vater hielt er während seiner achtzehnjährigen Regierungszeit an monarchischen Prinzipien fest. Zwar streifte er sich nach der Bürgerrevolution im März 1848, bei der die Arbeiterschaft in Potsdam die Eisenbahnlinie und die Telegraphenleitungen zerstörte, die schwarz-rot-goldene Armbinde über, verneigte sich vor den toten Barrikadenkämpfern und stellte sich damit hinter die siegreiche Volksbewegung, schwor, daß „Preußen fortan in Deutschland aufgeht" und ließ eine preußische Nationalversammlung wählen. Doch schon acht Monate später, im November, bekam die Armee den Befehl, die Abgeordneten auseinanderzujagen. Preußen erhielt die konservative Verfassung einer konstitutionellen Monarchie mit

Die Sonnenstrahlen des spätsommerlichen Lichts tanzen auf der Fontäne vor Schloß Charlottenhof, das zu den Meisterwerken von Karl Friedrich Schinkel zählt.

einem Dreiklassenwahlrecht, die der König am 5. Dezember 1848 in Schloß Sanssouci unterzeichnete. Einziges wirkliches Zugeständnis an die neue Zeit: die Presse- und Versammlungsfreiheit.

Militaria – oder: Zivilist ist ein Schimpfwort

Trotz der Arbeiterunruhen war es während der Revolution in Potsdam weitgehend ruhig geblieben: „Berlin revolutioniert, Potsdam pariert", sprachen die Zeitgenossen. Mit der Thronbesteigung Wilhelms I. 1861, des späteren Kaisers Wilhelm I. (geb. 1797, Regent 1858, deutscher Kaiser 1871–1888), der bereits 1857 stellvertretend die Regierungsgeschäfte übernommen hatte, weil der kinderlose Friedrich Wilhelm IV. mehrere Schlaganfälle erlitten hatte, begann die Havelstadt sich zu einer regelrechten Kultstätte des Heeres zu entwickeln: Militärische Umgangsformen gaben den Ton an, und Zivilist galt als Schimpfwort.

Der Sieg über die Franzosen im Krieg von 1870/71 und die Reparationsleistungen, die Frankreich an das neue Deutsche Kaiserreich zahlen mußte und die Reichskanzler Otto Fürst von Bismarck (1815–1898, preußischer Ministerpräsident 1862–1871, deutscher Reichskanzler 1871–1890) zäh herausgehandelt hatte, brachte Potsdam wie vielen Städten während der Gründerzeit eine wirtschaftliche Blüte und der zweiten Residenzstadt Preußens zudem eine Vielzahl politischer und administrativer Behörden. Gleichzeitig aber rückte Potsdam endgültig an den Rand des politischen Geschehens, Berlin wurde der Ort für Reichstag und Kaiser. Die Havelstadt und ihre Umgebung entfalteten sich zu einem bevorzugten Wohnsitz für den Adel, für hohe Beamte und Diplomaten. Für die Reichen unter ihnen bauten berühmte Architekten wie Paul Bonatz (1877–1956) oder Ludwig Mies van der Rohe (1886–1969) in herrschaftlichen Villenvierteln wie etwa Babelsberg moderne Landhäuser. Die heute frisch renovierte Villa, die Bauhausdirektor Mies van der Rohe einst für den Bankier Urbig geplant hatte, erwählte sich der englische Premierminister Sir Winston Churchill (1874–1965) zu seinem Domizil während der Potsdamer Konferenz der Alliierten im Sommer 1945. Für moderne politische Ideen schien Potsdam jedoch nicht der richtige Ort. Im Gegenteil: Am 21. Oktober 1878 unterzeichnete Kaiser Wilhelm I. im Neuen Palais das Sozialistengesetz, ausgearbeitet und in die Wege geleitet von Reichskanzler Fürst von Bismarck, der damit unterbinden wollte, daß sich die vorwiegend sozialdemokratische Arbeiterschaft öffentlich organisierte. Unter seinem Nachfolger, Kaiser Wilhelm II. (1859–1941, deutscher Kaiser 1888–1918), wurde Potsdam zum sogenannten Kaiserwahlkreis, in dem eine konservative Bürger- und Beamtenschaft wetterte, daß derjenige, der „im Angesicht unseres geliebten Kaiserpaares einem Sozen seine Stimme gibt, das Recht verwirkt hat, sich noch einen guten Deutschen zu nennen". Ganz so monarchistisch haben wohl nicht alle Potsdamer gedacht. 1912 gelang es dem linken Berliner Rechtsanwalt Karl Liebknecht (1871–1919) immerhin, den Wahlkreis für sich zu gewinnen und als Reichstagsabgeordneter von Potsdam in das deutsche Parlament einzuziehen.

Kaiser Wilhelm I. hatte an Baukunst wenig Interesse gehabt, sehr viel mehr dagegen sein liberaler Sohn Friedrich Wilhelm, der als Kaiser Friedrich III. (1831–1888, deutscher Kaiser 1888) gerade 99 Tage lang regierte. In den 30 Jahren, in denen er auf den Thron wartete, regten er und seine Frau Victoria, mit der er in großer Liebe verbunden war, zahlreiche Kirchenbauten in der Umgebung von Potsdam an.

Außerdem schickte die Prinzessin ihren Obergärtner Emil Sello (1816–1893) nach England. Dort sollte er in den Gärten ihrer Eltern, der englischen Königin Victoria und ihres Gemahls, Prinz Albert, die hohe Kunst der englischen Gartenarchitektur studieren. Emil Sello hat ihr mit dem formvollendeten Rosengarten und dem Parterre vor dem Neuen Palais ein blühendes Denkmal gesetzt.

Der Enkel des ersten Kaisers, Wilhelm II., sah sich als Erbe Friedrichs des Großen. Er bevorzugte das Neue Palais als Sommerwohnsitz, und der protzige Bau war ihm der geeignete Rahmen für seine pompös-theatralischen Auftritte in möglichst bunter Uniform, mit denen er den Willen des Reiches, zur Weltmacht aufzusteigen, zu demonstrieren versuchte. Im Neuen Palais unterschrieb er am 1. August 1914 die Kriegserklärung an Rußland und löste damit den Ersten Weltkrieg aus, vier Jahre später sollte er von dort aus ins holländische Exil gehen.

Wie sein Vorbild fühlte er sich für die Architektur in Potsdam zuständig und wählte für die Nutzbauten der Stadt die Neuauflage des Baustils der Zeit des „Alten Fritz“: das Neobarock. Und wie jener versuchte er, technisch und naturwissenschaftlich begabt, das Land zu modernisieren und dem Zeitgeist entsprechend zu industrialisieren. In Potsdam baute die Luftschiff-Zeppelin AG am Templiner See einen ihrer 84 Stützpunkte für die „fliegenden Zigarren“. In den Havelniederungen experimentierte Professor Adolf Slaby (1849–1913) auf Anregung des Kaisers mit der drahtlosen Telegraphie, die der Italiener Guglielmo Marconi (1874–1937, Nobelpreis 1909) 1895 erfunden und an dessen Versuchen der Berliner Funktechniker teilgenommen hatte. 1897 konnten, erstmals in Deutschland, in Potsdam einwandfreie Funktelegramme übermittelt werden; die ersten Schritte zur Radiotechnik waren getan.

Um die Jahrhundertwende bauten reiche Bürger gediegene Villen in Potsdam, besonders in Babelsberg. In der 1891 errichteten Villa des Verlegers Gustav Müller-Grote wohnte der amerikanische Präsident Harry S. Truman während der Potsdamer Konferenz.

Am Anfang seiner Karriere war der Architekt Ludwig Mies van der Rohe ganz dem Stil seiner Zeit verhaftet und entwarf 1915 die Villa für den Bankier Franz Urbig im klaren neoklassizistischen Stil. Sie diente dem englischen Premierminister Winston Churchill während der Potsdamer Konferenz als Domizil.

Neben dem Neuen Palais zählte für Wilhelm II. in Potsdam vor allem das 1. Garde-Regiment. Die Eliteeinheit, die sich in den Freiheitskriegen gegen Napoleon große Verdienste erworben hatte, war nach den Niederlagen von Jena und Auerstedt gegründet worden – als Nachfolgeregiment des 1740 von Friedrich dem Großen ins Leben gerufenen Garde-du-Corps. Besonders als junger Kaiser liebte Wilhelm II. es, mit „all den hübschen jungen Männern meines schönen Regiments" im Kasino von Potsdam zu speisen, und im November 1891 ließ er die Rekruten auf seine Person schwören: „Bei den jetzigen sozialistischen Umtrieben kann es vorkommen, daß ich euch befehle, eure eigenen Verwandten, Brüder, ja Eltern niederzuschießen, was je Gott verhüten möge, aber auch dann müßt ihr meine Befehle ohne Murren befolgen." 27 Jahre später war es soweit: Die Kaisertreuen schossen in den Tagen der Novemberrevolution 1918 auf die Berliner. Am 9. November 1918 gaben der Kaiser und der Kronprinz im Neuen Palais den Thronverzicht bekannt; endgültig verzichtete Wilhelm II. am 27. November im holländischen Exil. Am selben Tag verließ Kaiserin Auguste Viktoria heimlich Potsdam vom heute ziemlich zerfallenen Kaiserbahnhof aus – der Erste Weltkrieg und die fünfhundertjährige Herrschaft der Hohenzollern in Preußen waren zu Ende.

Die Zeit danach – oder: Potsdam von 1918 bis heute

Mit dem Ende der Hohenzollernmonarchie verlor Potsdam auch seinen Status als Residenzstadt. Adlige und Offiziere, Hoflieferanten und Beamte standen plötzlich vor dem Nichts und machten einen großen Teil der Arbeitslosen in der kleinen Stadt aus. Wohl deshalb blieb es in Potsdam ruhiger als andernorts:

Auch wenn entlassene Offiziere oder Beamte Schnürsenkel auf der Straße verkauften, so sahen sie sich noch immer als Noble, gestreikt wurde nicht.
Die von den Hohenzollern verlassenen Schlösser und Gärten blieben unbewohnt und ungenutzt. 1926 ging ein Großteil des hohenzollerschen Grundbesitzes in Potsdam an den Staat, und die Stadt wurde mit ihren reichen Kunstschätzen zu einem Anziehungspunkt für Touristen aus aller Welt. Bürgerlichkeit und heitere Selbstzufriedenheit angesichts der Möglichkeit, zu einer Weltkulturstätte zu werden, machten sich in Potsdam breit.
Einer hatte die preußisch-monarchische Vergangenheit der einstigen Residenz nicht vergessen und suchte sie, wohlinszeniert, für seine Zwecke einzusetzen – Adolf Hitler (1889–1945). Am 21. März 1933, am „Tag von Potsdam" und am gleichen Datum, an dem 1871 Fürst von Bismarck den ersten deutschen Reichstag eröffnet hatte, wurde in der Garnisonkirche von Potsdam der am 30. Januar 1933 gewählte Reichstag, in dem die Nationalsozialisten die stärkste Partei waren, eingesetzt. Nach einer kurzen Begrüßungsrede von Reichspräsident Generalfeldmarschall Paul von Hindenburg (1847–1934) gab Hitler – im schwarzen Cut – seine Regierungserklärung ab: vor den deutschnationalen Abgeordneten, der Reichsregierung und führenden Vertretern monarchischer Gruppierungen, allen voran „Wilhelm III.", dem ehemaligen Kronprinzen und Hitlerverehrer. Die Abgeordneten der SPD waren nicht eingeladen, die der KPD-Fraktion, die verdächtigt wurden, am 27. Februar 1933 den Reichstag in Berlin in Brand gesteckt zu haben, saßen im Gefängnis. Angesichts der Euphorie über das „neue Deutschland" überhörten in der mit schwarzweißroten Hakenkreuz-Fahnen geschmückten Stadt viele – auch die einstige preußische Führungs-

Zu DDR-Zeiten ließen die Behörden viele der alten Häuser im Zentrum der Stadt, etwa in der Gutenbergstraße, verfallen. Nach der Wende besetzten junge Leute die Bauten.

Auf das historische Stadtbild nahmen die Stadtplaner der DDR nur selten Rücksicht. Sichtachsen wurden zugebaut, wie beim Dampfmaschinenhaus für die Wasserspiele im Park von Sanssouci, das Ludwig Persius 1842 auf Wunsch von König Friedrich Wilhelm IV. im Stil einer Moschee erbaute.

schicht, die über Jahrhunderte einen Staat mitgetragen hatte, dessen Geschichte von Pflichtbewußtsein, aber auch von der Toleranz gegenüber Andersdenkenden geprägt war – die Tragweite der Worte des neuen Reichskanzlers. In der Potsdamer Garnisonkirche verkündete er die Vernichtung der Feinde des Nationalsozialismus. Es sei sein fester Entschluß, sprach Hitler, „diejenigen zusammenzufügen, die eines guten Willens sind, und diejenigen unschädlich zu machen, die dem Volke zu schaden versuchen."
Mit dem Tag von Potsdam, der zu den unrühmlichsten Kapiteln in der Geschichte der Stadt gehört, gelang es Hitler, Nationalsozialismus und preußische Tradition zu verbinden, dem konservativen Deutschland das braune Hemd überzustreifen, ohne daß dies von den meisten überhaupt wahrgenommen wurde.
Und Potsdam wurde wieder einmal Garnisonsstadt. Hatte am 21. März 1933 die Ehrenkompanie des Infanterieregiments 9, kurz I. R. 9, das die Tradition des ehemaligen 1. Garde-Regiments zu Fuß fortsetzte, noch vor Hindenburg paradiert, so entwickelte sich „Graf Neun" während der Nazi-Diktatur und insbesondere angesichts der Niederlagen des Zweiten Weltkriegs zu einem Ort des Widerstands. „Graf Neun" war der Spottname des Regiments, weil – wie schon bei seinen Vorgängern – seine Mitglieder vor allem Söhne preußischer Adliger und Offiziere waren, darunter der junge Richard Freiherr von Weizsäcker. Sie waren keine Befürworter der Demokratie; ihnen schwebte eine konstitutionelle Monarchie als Staatsform vor. Aber eine Verpflichtung einem Staatsoberhaupt gegenüber, das, wie der Mitverschwörer Joachim Freiherr von Willisen später einmal sagte, „bar jeglicher sittlichen und moralischen Bindung war", konnten und wollten sie trotz des Eides, den sie geschworen hatten, angesichts des Terrors der Nazidiktatur nicht länger akzeptieren.

18 Offiziere des I. R. 9 waren an den Vorbereitungen zum Hitler-Attentat am 20. Juli 1944 beteiligt, bei dem Claus Graf Schenk von Stauffenberg (1907–1944) Hitler in der Wolfsschanze bei Rastenburg mit einer Bombe zu töten versuchte. Hitler kam mit geringen Verletzungen davon. Die Widerständler und zahlreiche Verdächtige wurden entweder sofort standrechtlich erschossen, hingerichtet, oder sie nahmen sich das Leben.
Einer der fürchterlichsten Tage in der Geschichte der Stadt war der 14. April 1945. Auf den Tag genau 200 Jahre nach der Grundsteinlegung für Schloß Sanssouci legten Bomber der Royal Air Force binnen 20 Minuten große Teile der historischen Stadt in Trümmer – von 5 166 Gebäuden wurden 856 Häuser, Kirchen und historische Bauten vollkommen zerstört und 3 549 teilweise erheblich beschädigt. Der Angriff war längst nicht mehr kriegsentscheidend; er galt vielmehr einer Stadt, in der die Welt das Symbol für Preußentum, für Militarismus, für Pflicht und unbedingten Gehorsam sah und damit eine Verkörperung der Ursachen für die beiden Weltkriege, die jedesmal von deutschem Boden ausgegangen waren. Ob die Engländer bei ihrem flächendeckenden Bombardement Schloß Sanssouci bewußt verschonten oder ob dies ein Zufall war, ist bis heute ungeklärt. Fast wäre es dann noch auf Befehl der Nazis und gemäß ihrer Ideologie der verbrannten Erde kurz vor dem Einmarsch der Sowjets in die Luft gesprengt worden. Die Eroberung der Stadt am 30. April 1945 durch die Rote Armee verhinderte die Zerstörung. Oberleutnant Prof. Jewgenij Fjodorowitsch Ludschuweit (1899–1966) sorgte sofort dafür, daß die Anlage von seinen Soldaten sorgfältig bewacht wurde und der Park und das Schloß so vor Plünderungen und Zerstörung geschützt waren. Die Potsdamer dankten dem kunstsinnigen Oberleutnant

Folgende Doppelseite: Das letzte der Hohenzollernschlösser in Potsdam, Schloß Cecilienhof, entstand während des Ersten Weltkriegs und war 1945 Ort der Potsdamer Konferenz, die am Ende die Teilung Deutschlands und Europas brachte.

die Rettung ihres Juwels mit der Ehrenbürgerschaft. Inzwischen haben diensteifrige Bürokraten die Prof.-Ludschuweit-Allee in Kastanienallee umgetauft.
Wenige Wochen nach Kriegsende sollte in Potsdam eine heile Welt gezimmert werden: Auf der Potsdamer Konferenz, die vom 17. Juli bis zum 2. August 1945 in Schloß Cecilienhof tagte, versuchten die Vertreter der Alliierten, der britische Premier Winston Churchill (1874–1965), den im Verlauf der Konferenz sein Nachfolger Clement Attlee (1883–1967) ersetzte, US-Präsident Harry S. Truman (1884–1972) und der sowjetische Generalissimus und Vorsitzende des Rates der Volkskommissare, Josef Stalin (1879–1953), eine neue Friedensordnung zu etablieren. Die Franzosen waren nicht eingeladen. Die großen Drei einigten sich, das „Deutschland des Versailler Vertrages, wie es 1937 bestanden hatte, als Diskussionsgrundlage zu betrachten" und die deutsche Einheit zu erhalten. Am Ende war alles anders: Deutschland war geteilt, Preußen als Staat endgültig aufgelöst, der Eiserne Vorhang trennte den Osten vom Westen, der Kalte Krieg zwischen Ost und West begann.
In den ersten Jahren nach dem Krieg orientierten sich Stadtplanung und Denkmalpflege in Potsdam beim Wiederaufbau an dem historischen Stadtgrundriß und dem ehemaligen Straßenverlauf. 1952, mit der Ernennung der Stadt zur Bezirkshauptstadt von Brandenburg, dem größten Bezirk der DDR, untersagten dies die SED-Oberen: Potsdam sollte zur sozialistischen Bezirkshauptstadt ausgebaut werden. Großplattenbauten entstanden ohne Rücksicht auf historische Zusammenhänge, quer durch einst engbebaute Stadtviertel wurden breite Straßenschneisen geschlagen. Bürger- und Handwerkshäuser, die Friedrich der Große oft selbst entworfen und vielfach ihren Bewohnern geschenkt hatte, damit die

Stadt das Aussehen bekam, das er sich erträumte, wurden zerstört, obwohl es ein leichtes gewesen wäre, sie zu erhalten oder wiederherzustellen. Die besondere Zerstörungswut des SED-Staates galt Symbolen der preußisch-militärischen Geschichte, vor allem den zwar beschädigten, aber durchaus wieder aufzubauenden Ruinen des Stadtschlosses am Alten Markt, dessen Umrisse zum tausendjährigen Stadtjubiläum 1993 zum Teil mit Blumenrabatten und Baumreihen nachgepflanzt wurden. Die Überreste der Garnisonkirche – einst das Wahrzeichen der Stadt und ein Juwel nordeuropäischen Barocks – wurden trotz vieler Proteste aus der ganzen Welt 1968 auf Befehl von Walter Ulbricht gesprengt. Sechs Jahre später wurde mit dem Abtragen der Heiliggeistkirche begonnen. Außer der Nikolaikirche mit ihrer mächtigen Kuppel steht heute keines der einstmals stadtbildprägenden Bauwerke mehr.

Seit der Wende 1989 ist die Stadt von einer dritten Zerstörungswelle bedroht: Investoren haben bislang nur wenig Interesse gezeigt, bei ihren Planungen für Büro- und Hotelkomplexe etwa auf die Sichtachsen Rücksicht zu nehmen, die Peter Joseph Lenné entwickelt oder fortgesetzt hat. Gerade das visuelle Vermitteln zwischen einzelnen Bauwerken in der Stadt und bestimmten Punkten in der weitläufigen Gartenlandschaft ist aber eine der wesentlichen Voraussetzungen, die Potsdam braucht, um nicht endgültig sein Gerüst zu verlieren und als Gesamtkunstwerk vollständig demoliert zu werden. Die Eintragung der Potsdamer Kulturlandschaft als Weltkulturerbe in die Liste der UNESCO und ein Engagement vieler für das außergewöhnliche Denkmal kann hoffentlich das Schlimmste verhindern.

Wie eine aufgehende strahlende Sonne erscheint Schloß Sanssouci auf dem Wüsten Berg mit seiner eleganten Freitreppe und den sechs Terrassen, auf denen Weinstöcke und, in den Glasnischen, Feigenbäume wachsen.

Schloß und Park Sanssouci

„Mein Weinberghäuschen" – oder: Sanssouci zur Zeit Friedrichs II.

Schloß Sanssouci war noch nicht gebaut, da begann Friedrich der Große bereits die Pflanzen für den Garten auszusuchen. Über seinen Sekretär, Charles Etienne Jordan, ließ er in Marseille und später auch in Algerien 400 Feigenbäume bestellen und 300 Weinstöcke, in Kisten verpackt und so groß, daß die Pflanzen noch im gleichen Jahr anwachsen, blühen und Früchte tragen würden. Drei der Feigenbäume aus jener Zeit stehen heute noch in den mit Glastüren versehenen Nischen der Terrassen des Wüsten Bergs, den sich der preußische König als Ort für „mein Weinberghäuschen", wie er Sanssouci nannte, gewählt hatte. Mauern aus Kalktuffstein halten den nach Süden abfallenden Sandhügel, ihre geschwungenen Linien sind in der fließenden und beschwingten Mode des Rokoko gestaltet. Die sanft bewegten Formen der Terrassen sollten zwar nicht, wie so oft erzählt, die Sonnenstrahlen besonders einfangen. Dennoch halfen die Glashäuschen der Wein- und Obstplantage unterhalb des Schlosses, die Wärme des Sonnenlichts aufzunehmen, die empfindlichen Pflanzen vor dem naßkalten Klima der Mark Brandenburg zu schützen und das Blühen und Wachsen von Pfirsichen, Feigen und Wein zu ermöglichen – Früchte, für die der König vor allem im Winter teures Geld zahlte. Seine Vorliebe für Kernobst förderte nebenbei auch den Obstanbau in Preußen, die Bauern fühlten sich herausgefordert, ihm beste Qualität zu liefern.

Das Weinbergschlößchen verkörpert die Sehnsucht Friedrichs des Großen nach dem Süden, den er nie gesehen hat. Vermutlich hat er sich damit auch gleich noch zwei weitere Jugendträume erfüllt: Auf seiner Kavaliersreise zu den Vettern in Dresden genoß der hübsche junge Mann aus dem strengen Preußen die heitere Lebensart an der Elbe, das milde Klima, die Hänge mit den Weinbergen, deren kräftige Weine schmackhaft sind, die leichte Architektur des sächsischen Barock und die schönen Frauen der Königstadt – wie Thomas Mann in seinem Essay über „Friedrich und die große Koalition" beschreibt: „Als er mit sechzehn Jahren den voluptuösen Dresdener Hof besuchte, wo es ihm nicht wenig gefiel, verliebte er sich bis über beide Ohren in die Gräfin Orselska, Tochter und Favoritin Augusts II.; aber der König, der etwas eifersüchtig war, bot ihm statt ihrer die wohlgeformte Gräfin Formera an, nachdem er sie ihm zuvor als lebendes Bild gezeigt hatte, und so ward sie Friedrichs erste Mätresse. Aber später bekam er die Orselska dennoch." Geheiratet hat er 1733 eine andere, Elisabeth Christine von Braunschweig – eine Scheinehe aus politischer Pflicht. Ob Friedrich der Große tatsächlich den Frauen so abhold war, wie es immer heißt, läßt sich nicht nachweisen, soll er doch einer gewissen Freifrau von Wreech gehuldigt haben, später Ballettänzerinnen seines Theaters. Aber auch junge Offiziere und Kammerdiener bekamen am Morgen Privataudienzen bei ihm, die allerdings selten länger als eine Viertelstunde dauerten.

Sanssouci mag die in Stein gehauene Erinnerung an eine Zeit sein, als er, noch unbeschwert von Verantwortung und eine Weile frei von den Züchtigungen und Bestrafungen des Vaters, seine Jugend genießen konnte. Vielleicht nannte er seinen Lebenstraum deshalb Sanssouci – ohne Sorgen. Rätselhaft bleibt, warum er die beiden in vergoldeten Bronzebuchstaben geschriebenen Worte über der Fenstertür am Mittelpavillon durch ein Komma trennen ließ. Wollte er damit sagen, daß im linken Trakt des Schlosses die Gäste in ihren Zimmern tatsächlich ein Leben

Heitere und trinkfreudige Bacchanten und Bacchantinnen zieren die Pilaster und tragen mit ihren wohlproportionierten kräftigen Körpern das Dach mit der grünen Kupferkuppel – manche von ihnen halten sich auch nur noch daran fest.

Eine der schönsten Fassaden, die der Architekt Georg Wenzeslaus von Knobelsdorff schuf: die Gartenseite von Schloß Sanssouci mit den ausgewogenen Fenstertüren und den paarweise gruppierten Pilastern.

ohne Sorge führen könnten, während er, der König, im rechten Schloßflügel immer voller Kummer und Sorge zu regieren hätte? Oder ist das Komma ein Freimaurerzeichen, das er, seit 1738 Mitglied dieser weltbürgerlichen Bewegung mit ihrer Vorstellung von edlem Menschentum, heimlich an den Wänden seines Schlosses versteckte?

Die Spuren der Entstehung von Sanssouci weisen noch auf einen anderen Ursprung für die Kurvenform der Terrassen: Auf den ersten Skizzen, die Friedrich der Große verfaßte und auf denen noch gar kein Schloßbau zu sehen war, zeichnete er drei Terrassen, dem steilen Hang in Potsdam gänzlich unangemessen. Womöglich waren ihm die ähnlich ausgeformten Terrassen gegenüber von Schloß Rheinsberg ein Vorbild, einem Schloß, in dem er seine schönsten Jahre als junger Kronprinz erlebt hatte. Als sich erwies, daß drei Geländestufen bautechnisch zu wenig waren, verdoppelte er kurzerhand deren Zahl auf sechs.

„Ich will nicht wie die Römer bauen, es soll nur mein Leben dauern." Mit dieser Philosophie hat der Preußenkönig seinen Jugendfreund, den Architekten Georg Wenzeslaus von Knobelsdorff, einen der ganz großen Baumeister seiner Zeit, oft zur Verzweiflung gebracht. Während bereits im Spätsommer 1744 mit dem Bau der Terrassen des Weinbergs begonnen wurde, bekam Knobelsdorff vermutlich erst im Dezember vom König den Auftrag, das Sommerschloß zu planen. Der König drückte ihm dabei gleich eine Entwurfsskizze in die Hand. Knappe vier Monate später, am 14. April 1745, war die Grundsteinlegung.

Knobelsdorff wollte das „Lust-Haus zu Potsdam" unterkellern, auf einen Sockel setzen und an den Rand oberhalb des terrassierten Weinbergs schieben, um dem für ein Königsschloß recht klein konzipierten Bau eine gewisse Würde zu geben und das Schloß auch vom Fuß des Wüsten Bergs sichtbar zu machen. Friedrich der Große, der mit ungelenken Strichen, aber mit exakten Vorstellungen sein „Weinbergschlößchen“ skizziert hatte, weigerte sich dickköpfig, den Entwurf seines Architekten anzunehmen. Architektonische Proportionen waren ihm unwichtig. Er wollte ein bequemes Landhaus, aus dem er durch die Fenstertüren zur ebenen Erde hinaustreten konnte, um auf der Terrasse mit seinen Windhunden zu spielen, und kein Schloß zum Repräsentieren. Er setzte sich durch, und noch heute verblüfft beim Besteigen der Terrassen, daß immer nur kurz die Kuppel des Schlosses zu sehen ist, das Bauwerk dann verschwindet und bei jeder der sechs Terrassen wieder neu erscheint.

Knobelsdorff wehrte sich heftig gegen die eigenwilligen Vorstellungen seines Königs, baute ihm schließlich sein „maison de plaisance“ oberhalb eines Obstgartens, aber die einstigen Freunde trennten sich im Streit für lange Zeit. Später hat Friedrich der Große die fachliche Kenntnis seines Architekten anerkannt und ihm recht gegeben: Der fehlende Keller unter dem Schloß ließ den Fußboden an kühlen Tagen eine eisige Kälte ausströmen – heutige Isoliertechniken waren unbekannt –, und schon zu Lebzeiten des Alten Fritz mußte das Parkett dreimal erneuert und ausgetauscht werden, weil es durchgefault war. Der feucht-kalte Fußboden förderte noch die aus den Kriegen mitgebrachte Gicht des Königs.

Der weltberühmte Bau des friderizianischen Rokoko mit den beiden eingeschossigen Flügeln und den lebensvoll gestalteten und mit Weinreben reich geschmückten Bacchanten und Bacchantinnen neben den hohen, elegant geschwungenen Fenstertüren strahlt auf der Gartenseite eine unbekümmerte Heiterkeit und Gelassenheit aus, die nichts von den

Eines der Laubenkabinette neben Schloß Sanssouci mit einem goldenen Sonnensymbol.

Die historische Mühle hinter den Neuen Kammern verkörperte für Friedrich den Großen das schlichte und natürliche Leben auf dem Land und in der Natur.

Kämpfen und Auseinandersetzungen zwischen den beiden außergewöhnlichen Männern spüren läßt, um so mehr aber von der Qualität der Architektur, die Knobelsdorff mit einem äußerst bescheidenen Budget zu formen wußte. Sanssouci mit seiner das Gebäude harmonisch bekrönenden kupfernen Kuppel gehört zu den schönsten Beispielen des Rokoko, an dem schlichte und verspielte Elemente einander abwechseln und in dem die preußische Baukunst einen ihrer Höhepunkte erreicht.
Beiderseits der eingeschossigen Flügel des Weinbergschlößchens wurden grüne Laubengänge und Gartenpavillons plaziert, die dazu dienen sollten, eine Ansicht von der Seite unmöglich zu machen, und damit einen gleichzeitigen Blick auf beide Fassaden. Private und offizielle Seite wurden so streng getrennt, und jede Fassade erhielt einen anderen Charakter: Während sich die nach Süden orientierte Gartenfront fröhlich und intim zeigt, ist der Ehrenhof auf der Nordseite mit dem Haupteingang von nüchterner und herber Schönheit. Mit seinen engstehenden Doppelsäulen scheint er zu einem größeren Bau zu gehören und verspricht dem Ankommenden ein prächtigeres Schloß, als dahinter tatsächlich auftaucht. Bis ins 19. Jahrhundert bestand die einzige Zufahrt nach Sanssouci aus einer Rampe zwischen den beiden Säulenbogen. Der Zweck der Zusatzbauten an den Flügeln des Schlosses war es außerdem, Besucher vom Umgang um das Schloß und damit auf die Privatseite abzuhalten. Zumindest in den ersten Jahren hat es den König allerdings wenig gestört, wenn Besucher kamen und das Schloß und den Park sehen wollten. Gerade einmal fünf Soldaten waren zu seiner Bewachung abgeordnet. Ärgerlich fand er es nur, wenn sich „die Engländer“ ihre Nasen an den Fenstern platt drückten.
Georg Wenzeslaus von Knobelsdorff, der ein um-

gänglicher Künstler war und der aus einem Gemälde von 1737 des französischen Malers Antoine Pesne (1683–1757) offen und neugierig herausschaut, präsentierte sich, wie Friedrich der Große 1752 schrieb, „als ein liebenswürdiger und ehrlicher Mann", der „jedes Genie in seiner Arbeit schätzte und forthalf, so hörte man wenig Klagen über Begünstigungen oder Härten." Knobelsdorff hat mit vielen herausragenden Handwerkern und Künstlern in Sanssouci und bei den anderen Bauwerken, die er in Preußen gestaltete, eng zusammengearbeitet. Oft ist heute nicht mehr zu trennen, wessen Hände die Dinge hervorgebracht haben. Beim temperamentvollen Figurenschmuck des Schlosses beispielsweise bleibt unbekannt, wer die kräftigen Plastiken entworfen hat, er oder der Straßburger Bildhauer Johann August Nahl (1710–1785). Die Proportionierung und die Gliederung der auf der Gartenseite gewölbten Fassade sowie das Motiv der paarweise gruppierten schlanken Säulen und Pilaster im Ehrenhof und auf der Gartenseite dagegen sind charakteristisch für die Knobelsdorffsche Architektur.
Der sensible Bildhauer Nahl, Leiter des Innenausbaus von Schloß Sanssouci, dessen vitale Kunst der Preußenkönig schätzte, hatte ebenso wie Knobelsdorff unter den Launen Friedrichs des Großen zu leiden. Er wurde mit so vielen Aufträgen überschüttet, daß er im Juli 1746 vor der Ungeduld des Königs floh. Wutentbrannt ließ dieser ihn in ganz Europa mit einem Haftbefehl suchen. Nachdem er ihn gefunden hatte, einigten sich die beiden Männer, und der geizige König bezahlte die seit langem fälligen Rechnungen. Nun vollendete Johann August Nahl die begonnenen Werke. Neue Arbeiten nahm er aber nicht mehr an.
Der Grundriß des Weinbergschlosses ist so unkonventionell und individuell wie sein Bauherr. Friedrich

Schwungvoll rahmt die Kolonnade mit ihren paarweise angeordneten Säulen den Ehrenhof von Schloß Sanssouci ein.

Bis zur Mitte des 19. Jahrhunderts war der Aufgang durch die Kolonnade der wichtigste Zugang zu Schloß Sanssouci. Im Hintergrund der Ruinenberg.

der Große, der ihn weitgehend vorgegeben hatte, orientierte sich auch hier an den Erfahrungen aus den Jugendtagen in Schloß Rheinsberg: „der dort zum Studierzimmer erwählte Turmbau“, schreibt Friedrich Mielke in seinem Standardwerk „Potsdamer Baukunst“ von 1981, „wurde im Berliner Schloß nachgebaut und auch zum Modell für die Bibliothek im Schloß Sanssouci“. Außerdem war dem preußischen König das römische Pantheon ein ständiges Vorbild. „Friedrich hat sich darauf bezogen, indem er bei jeder sich nur bietenden Gelegenheit das Pantheon nachahmen ließ, direkt auf der Grundlage eines Kreises, indirekt und variierend auf der Grundlage einer Ellipse oder eines ‚regulierten Ovals'.“ In Sanssouci sind es nicht nur die beiden Rundräume, bei denen er sich an dem antiken Vorbild orientierte, sondern auch der zentral gelegene Marmorsaal. Die elliptische Form des fein ausgeschmückten Raums war jedoch eine Idee Knobelsdorffs, der damit der Fassade des Landhauses auf dem Berg den allzu mittelalterlich anmutenden Charakter nahm.
Erstaunlich ist die kurze Bauzeit von Sanssouci. Bereits 1745 war der Rohbau fertig, und schon im Sommer darauf konnte mit dem Innenausbau begonnen werden. Zwei Jahre nach der Grundsteinlegung wurde das Lustschloß am 1. Mai 1747 feierlich eingeweiht. Friedrich bestimmte alles selbst – sogar vom Feldlager in Schlesien aus, wo er bis 1745 Krieg gegen die habsburgische Monarchie führte. Durch Kuriere ließ der König sich über jeden Bauschritt informieren; er überprüfte die Lohnlisten der Arbeiter selbst und wies sogar das Entgelt persönlich an.
Friedrich der Große war ein absolutistischer Monarch und zugleich ein Musiker und ein Philosoph. Sanssouci: vielleicht wäre es so nie gebaut worden, wenn es die Schrecken der beiden Schlesischen Kriege nicht gegeben hätte und nicht den

Wunsch des Königs, angesichts des täglichen Todes in einem Kampf, den er zu verantworten hatte, mehr zu hinterlassen als militärische Siege. Nicht Berlin, nicht Charlottenburg, nicht das Potsdamer Stadtschloß oder das in späteren Regierungsjahren entstandene Neue Palais – Sanssouci war der Ort, wohin er nach seinen Feldzügen zurückkehrte und wo er am liebsten arbeitete.
In den Jahren nach der Erbauung machte das Weinbergschloß, vor allem aber sein Bewohner von sich reden: „Ganz Europa sprach von ihm, ganz Europa nannte ihn einen Helden; aber über seinen Charakter, seine Politik, seine Moral und sein Benehmen als Mensch, hört man die allerverschiedensten Urteile. Hier hieß er ein liebenswürdiger Weiser und Philosoph, dort ein fühlloser Egoist, ein Tyrann und ein Machiavellist", schrieb 1765 der französische Publizist Dieudonné Thiébault (1733–1807), der fast 20 Jahre lang als Professor für französische Sprache in der von Friedrich II. neu gegründeten Ritterakademie in Berlin lehrte. Von weither kamen die Besucher angereist, um den Monarchen und seine Residenz zu sehen. Darunter Giacomo Girolamo Casanova (1725–1798), der in seinen Memoiren über seinen Besuch 1764 schrieb, bei dem er einen kleinen Einblick in das Leben in Sanssouci gewonnen hatte: „Im Schlosshof sah ich keinen Menschen, nicht einmal eine Schildwache; ich ging eine kleine Treppe hinauf, öffnete eine Türe und befand mich in einer Bildergalerie. Der Aufseher kam auf mich zu und erbot sich, mich zu führen. Ich antwortete ihm: ‚Ich komme nicht, um diese Meisterwerke der Malerei zu bewundern, sondern um den König zu sprechen, der mir geschrieben hat, daß er im Park sein werde.' ‚Er ist in diesem Augenblick bei seinem kleinen Konzert, wo er die Flöte spielt. Das tut er jeden Tag nach Tisch. Hat er Ihnen die Stunde bezeich-

Folgende Doppelseite: Sein „Weinbergschlößchen" bewohnte Friedrich der Große 40 Jahre lang während der Sommermonate. Auch wenn er sich dort Ruhe und Stille erträumt haben sollte – er hat von Sanssouci aus Politik gemacht und Preußen regiert.

net?' ,Ja, um vier Uhr; aber er wird es vergessen haben.' ,Der König vergißt niemals etwas; er wird pünktlich sein, und Sie tun gut daran, wenn Sie ihn im Park erwarten.'" Und so geschah es; Casanova bekam seine Audienz im Freien und einige Wochen darauf sogar das Angebot einer Stelle als Erzieher an einer neu geschaffenen Kadettenschule für pommersche Junker, das er jedoch ablehnte. Der König war ihm zu verschlossen.

Andere Persönlichkeiten nahmen die königliche Einladung an, vor allem der von Friedrich dem Großen hochverehrte Dichter und Philosoph Voltaire, mit dem er 1736 zu korrespondieren begann. Drei Jahre lang, von 1750 bis 1753, lebte Voltaire, selbst einer der reichsten Männer Frankreichs, mit einer guten Bezahlung in Höhe von 5 000 Talern in einer Wohnung im Potsdamer Stadtschloß – nicht in Sanssouci, wie es das sogenannte Voltairezimmer im Gästeflügel nahelegt. Der Philosoph schreibt über diese Zeit: „Zwei Stunden arbeitete ich täglich mit Seiner Majestät; ich sah seine sämtlichen Werke durch und verfehlte niemals, was darin gut war, sehr zu loben, während ich alles Wertlose strich. Ich legte ihm für alles schriftlich meine Gründe dar und stellte so eine Rhetorik und Poetik zu seinem Privatgebrauch zusammen." 1753 reiste Voltaire nach einer heftigen Auseinandersetzung ab, nachdem er sich schon seit längerem von den anfänglich „angenehmen Soupers" zurückgezogen hatte: „Es gibt da zu viele Generale und Fürsten. Ich konnte mich nicht daran gewöhnen, immer in zeremonieller Haltung einem König gegenüber zu sitzen und Gespräche vor aller Öffentlichkeit zu führen." Gesehen haben sich die beiden Männer nicht mehr, aber nach einer längeren Zeit des gegenseitigen Schweigens schrieben sie einander wieder und tauschten ihre Gedanken darüber aus, wie „jeder nach seiner Façon selig werden" kann.

Neben den ihm mehr und mehr mißfallenden Soupers hat Voltaire sicherlich vielen der berühmten Tafelrunden und der Flötenkonzerte des Königs im Konzertzimmer des Schlosses beigewohnt, denen der Hofmaler Adolph von Menzel (1815–1905) etwa 100 Jahre später mit seinem Ölgemälde „Das Flötenkonzert" (1852) ein malerisches Denkmal setzte. Das volle Licht des kerzenschimmernden Lüsters fällt auf den Querflöte spielenden König, der, das linke Bein nach vorn gestellt, konzentriert die Noten liest, gleichermaßen beobachtet von den aufmerksamen Mitgliedern des Kammerorchesters, unter ihnen Carl Philipp Emanuel Bach am Spinett, und einigen Freunden und Verwandten, darunter Friedrichs Lieblingsschwester Wilhelmine, Markgräfin von Bayreuth. Die Pracht des Raums, die im schummrigen Kerzenlicht nur angedeutet werden kann, betont ein großer, mit einem goldenen Rahmen eingefaßter Spiegel direkt hinter dem Kopf des musizierenden Königs. Die Decke mit ihrer phantastischen Ornamentik aus Pflanzenkaskaden, Gitterbögen und Putten, ein Meisterwerk von Johann August Nahl, gehört zu den außergewöhnlichsten Innendekorationen von Sanssouci.

Überhaupt ist die künstlerische Konzeption im Innern des Schlosses, die der König natürlich beeinflußt hat, stilistisch außerordentlich sicher, elegant und ausgereift und zählt zu den schönsten Beispielen europäischer Raumkunst. Spätestens beim Anblick der zauberhaft leichten Weinreben- und Blumenmotive auf dem Fußboden, der paarweise angeordneten Säulen Knobelsdorffs im noblen Marmorsaal, dem Mittelpunkt und Festsaal des Schlosses, beginnt das Träumen: An diesem warmen Sommerabend vor mehr als 200 Jahren stehen die Terrassentüren weit offen und erlauben ausgedehnte Blicke über die sanfte Hügellandschaft der Havel, damals noch nicht

Noch zu Lebzeiten ließ sich Friedrich der Große bei Schloß Sanssouci eine Gruft bauen, in der er neben seinen Lieblingshunden beerdigt werden wollte. Erst 205 Jahre nach seinem Tod, am 17. August 1991, wurde er dort tatsächlich beigesetzt.

Die künstlich geschaffene Ruinenkulisse auf dem Ruinenberg, von Friedrich dem Großen und seinen Architekten theatralisch inszeniert, rahmt ein riesiges Bassin ein, dessen Wasservorräte dazu dienen sollten, die Fontänen von Park Sanssouci zu speisen. Dies gelang allerdings erst rund 100 Jahre später, in der Mitte des 19. Jahrhunderts.

verstellt von den Vorstadtbauten des 19. und den Plattenbauten des 20. Jahrhunderts, im Raum selbst steht ein langer Tisch mit einer Fülle von Speisen. Kerzenschimmer; Gläserklirren, anregende Gespräche und Lachen sind zu hören und die oft so liebenswürdigen und dann wieder so zynischen Bemerkungen des Königs, etwa zu Voltaire, dem Marquis d'Argens oder dem Vorleser und Arzt de la Mettrie . . .
Friedrich der Große liebte es, zu schreiben, zu dichten und zu studieren. Etwa 2 200 Bände, alle in französischer Sprache, werden in den Bücherschränken der Bibliothek aufbewahrt, die vollständig aus Zedernholz angefertigt und mit vergoldeten Wandornamenten geschmückt ist. Von dem kreisrunden Kabinett aus, das nur ausgewählte Freunde und Berater wie Voltaire betreten durften und für dessen edle und spielerisch-souveräne Harmonie ebenfalls Nahl verantwortlich zeichnet, bot sich dem König ein Blick auf die Gruft neben dem Schloß, in der er seinem testamentarischen Willen zufolge beerdigt sein wollte. 205 Jahre nach seinem Tod ging sein letzter Wille in Erfüllung: Am 17. August 1991 wurden seine sterblichen Überreste von der Burg Hohenzollern bei Hechingen nach Sanssouci überführt und beigesetzt. Sein Nachfolger hatte ihn in der Garnisonkirche bestatten lassen, wo sein Sarkophag bis kurz vor dem Bombardement Potsdams im Zweiten Weltkrieg stand, ehe er nach einer Zwischenstation in einem Bergwerk auf die Hohenzollernburg gebracht wurde.
In den ersten Jahrzehnten seiner Regierungszeit war Friedrich II. als Bauherr unermüdlich, und wenn er eine Idee hatte, mußte sie meist so rasch wie möglich umgesetzt werden; Zeit, die Dinge reifen zu lassen und genau zu prüfen, ließ er dabei häufig weder sich noch seinen Baumeistern und Ingenieuren.
Immer wieder verlor er sich an falsche Berater, in dem Glauben, alles zu wissen, und in seinem Ehr-

geiz, alles sofort erreichen zu wollen und das möglichst billig. Zum Beispiel bei den Fontänen von Sanssouci: Der Mode des Barock und Rokoko entsprechend gehörten Wasserspiele und Brunnen zu einem Schloß. Auf dem Höneberg, dem heutigen Ruinenberg, ließ der König deshalb 1748 ein 4 000 Kubikmeter Wasser fassendes Bassin für die Fontänen des Schlosses bauen, dazu von Knobelsdorff und dem Theatermaler Innocente Bellavite eine künstliche antikisierende Ruinenlandschaft, die das Becken umstehen und kaschieren sollte. Obwohl er am Ende allein für die Pump- und Verteilersysteme 161 491 Taler, zehn Groschen und einen Pfennig ausgegeben haben soll, eine Summe, für die vor dem Siebenjährigen Krieg (1756–1763) fünf durchschnittlich große Rathäuser oder 37 Bürgerhäuser gebaut werden konnten, funktionierten die Wasserspiele zeit seines Lebens nicht. Nur einmal, am Karfreitag 1754, schoß die Wasserfontäne am Bassin vor der späteren Bildergalerie in seiner Gegenwart für eine knappe Stunde in die Höhe. Aber nicht die Kunst der Fontainiers, seiner Brunnenbauer, die allesamt Betrüger waren, sondern heftige Winterniederschläge hatten das Bassin zum Teil gefüllt. Nach vielen Versuchen gab Friedrich II. 1763 auf. Aus blinder Leidenschaft hatte sich der sonst so kluge König von großen Versprechungen beeindrucken lassen und unehrliche und unfähige Mitarbeiter ausgesucht. Dabei hatte er nichts Unmögliches verlangt, denn auch zu seiner Zeit war die Technik für Wasserspiele, wie er sie sich erträumte, schon bekannt. Sanssouci – neue, auch geistige Heimat für den König, nachdem er mit der Machtübernahme sein geliebtes Kronprinzenschloß Rheinsberg hatte aufgeben müssen. Sanssouci – Märchenschloß, repräsentativ und im Bewußtsein von Autorität und Souveränität geschaffen und gestaltet, umwoben von Mythen

Das Chinesische Teehaus im Park von Sanssouci, in dem Friedrich der Große seine ostasiatische Porzellansammlung unterbrachte. Wie viele seiner Zeitgenossen begeisterte er sich für fernöstliche Kunst und Architektur.

Kleine Gesellschaften von Chinesinnen und Chinesen mit europäischen Nasen plaudern, essen und trinken an den Säulen des Teehauses und werden von eifrig spielenden Musikanten unterhalten.

und Legenden, Symbol des kulturellen und weltoffenen, des heiteren und lebensfrohen Potsdam – auch wenn der „Alte Fritz“ in den letzten Jahren seines Lebens dort eher einsam und verbittert lebte. Als er nach fast fünfzigjähriger Regierungszeit 1786 in seinem großen Lehnstuhl starb, der heute wieder an der alten Stelle steht, „war alles totenstill“, so empfindet Thomas Mann die Szene nach, „aber niemand war traurig. Man fand kein heiles und sauberes Hemd in seinen Schubladen, und so gab ein Diener eins von den seinen, womit man die Leiche bedeckte. Sie war klein wie ein Kinderleib.“

Sanssouci – mit dem Landsitz begann die Entstehung einer ganzen Reihe von Bauten in den unterschiedlichsten Stilen in der weiten Landschaft des großen Parks. Eine Vorliebe für eine bestimmte architektonische Richtung hatte Friedrich der Große nicht. Zwar kannte er viele berühmte Bauten seiner Zeit oder der Antike nicht aus eigener Anschauung, sondern durch seine intensiven Studien von Kupferstichen und architektonischen Zeichnungen, doch die unterschiedlichen Baukünste der großen Meister, die regelrecht seine Mentoren wurden, begeisterten ihn und forderten ihn zugleich heraus. Er griff nach allem, was ihm gefiel, und scheute sich nicht, zu Rokoko deutsche Gotik, Barock, Renaissance oder fernöstliche Stile zu stellen – Potsdamer Postmoderne vor 200 Jahren.

Angeregt durch Friedrichs Studium und vermutlich auch durch seine Gespräche mit Voltaire mußte der Architekt Johann Gottfried Büring 1754 zum Beispiel das „Kleeblatthaus“ nachahmen, das „Trèfle“, das sich der Herzog von Lothringen 1742 im Park von Lunéville hatte errichten lassen. Das Gartenhaus in Sanssouci, das der König im chinesischen Stil, der in ganz Europa en vogue war, als Chinesisches Teehaus ausformen ließ, bekam einen kreisrunden

Grundriß mit einem ebenfalls runden, fein ausgemalten Saal in der Mitte, drei daran angegliederten Pavillons und drei Loggien, die auf dem Grundriß-Kreis die Form eines dreiblättrigen Kleeblatts bilden. Eleganter als beim lothringischen Vorbild fügt sich der feinfühlig ausgeführte „Sinesische Pavillon" in den Park ein, und das Bauwerk mit dem grüngoldenen Zeltdach, den vergoldeten Palmen als Stützen und den großen, goldglänzenden chinesischen Figuren mit den europäischen Nasen schimmert verspielt und lebensfroh durch die dunklen Bäume.
Die Vorliebe Friedrichs des Großen für frisches Obst und Gemüse war überall in Sanssouci sichtbar. Selbst Zitronen und Aprikosen waren im Park angepflanzt. Zum Schutz der kälteanfälligen Gewächse beauftragte Friedrich II. 1747 Knobelsdorff mit dem Bau einer Orangerie, eines der ersten Gebäude nach dem Weinbergschloß. Obwohl in der architektonischen Struktur Sanssouci ähnlich, unterscheidet sich der Bau in einem wesentlichen Punkt: Vor der Fassade wurden 28 Figuren aus Carrara-Marmor plaziert, die das Gebäude zum Garten und den einzeln darin postierten Statuen hin auszudehnen scheinen und Architektur und Landschaft miteinander verbinden und zu einer Einheit zusammenführen. Bereits 1771 wurde der Rokokobau von dem Architekten Georg Christian Unger (1743–1812) in Gästewohnungen umgewandelt und Neue Kammern genannt.
Rasch nach dem Einzug in Sanssouci stellte sich heraus, daß die Gemäldegalerie im Schloß für die wertvolle Kunstsammlung des Königs zu klein war. 1755 begannen die Arbeiten für die Bildergalerie, den ältesten noch erhaltenen Museumsbau in Deutschland, ein Projekt, das Friedrich der Große in einem Brief an seine Schwester Wilhelmine „eine neue Torheit" nannte, „aber durch die kommt die Welt ja nur vorwärts." Büring, der die äußere Form an die Knobels-

Auf dem mit geschwungenen Bändern verzierten Dach des Chinesischen Teehauses sitzt ein Mandarin mit Sonnenschirm und genießt augenscheinlich die Aussicht in den Park von Sanssouci. Die meisterhaft ausgeführten Figuren des Pavillons sind das Werk der Bildhauer Johann Peter Benckert (1709–1769) und Joachim Matthias Heymüller (gest. 1760).

dorffsche Orangerie anpassen mußte, schuf mit dem durchgehenden Saal von 82 Meter Länge und etwa 9,75 Meter Breite einen der festlichsten Säle des preußischen Rokoko, in dem Meisterwerke etwa von Giorgio Vasari, Hendrick Terbrugghen, Peter Paul Rubens, Anthonis van Dyck und Jacob Jordaens hingen. „Die Bildergalerie liegt nicht weit vom Schlosse", erinnerte sich 1806 der russische Schriftsteller Anton Zailonow. „Friedrich der Große pflegte um elf Uhr Mittags dorthin zu gehen und sich eine Stunde daselbst aufzuhalten. Gewöhnlich begleitete ihn dann der Aufseher der Galerie; aber zuweilen warf er gleich beim Eintritt die Tür hinter sich zu und blieb allein. Dies geschah, wenn Mißmuth seine Stirne umwölkte; doch nie kehrte er aus diesem Saale anders als mit heiterm Auge und einer wohlwollenden Miene zurück."
In Schloß Sanssouci sah Friedrich der Große seine Eremitage, seine Klause, doch in Wahrheit war es dies nie. Auch im Weinbergschlößchen blieb er Regent, bearbeitete die Post, ließ den Kabinettssekretär zu sich kommen, die Offiziere, besprach Regierungs- und militärische Angelegenheiten, erteilte Befehle, schmiedete Pläne und Ränke – und erörterte neue Baupläne: Am Ende des Siebenjährigen Krieges (1756–1763), in dem 180 000 Soldaten für Preußen gefallen waren, stand das Land wirtschaftlich und finanziell vor dem Ruin. Über 100 Millionen Reichstaler hatte Preußen an Reparationen zu zahlen, allein jedes Kriegsjahr hatte schon 25 Millionen Reichstaler gekostet. Potsdam mußte, neben dem Wiederaufbau der zerstörten Häuser, Abgaben von 61 775 Reichstalern leisten. Der König, von der Stadt um Hilfe gebeten, beschimpfte die Untertanen als „liederliches Gesindel" und sagte gerade einmal 2 000 Reichstaler zu. Statt dessen begann er sofort nach Kriegsende mit dem größten seiner Bauprojekte,

dem Neuen Palais, einem spätestens seit 1755 geplanten Schloß, das seiner großen Verwandtschaft und vor allem den königlichen Gästen in Potsdam endlich den angemessenen, einer europäischen Großmacht entsprechenden Rahmen bieten sollte. Wie immer befaßte er sich bis ins Detail mit dem Werk, machte die erste Ideenskizze, kümmerte sich persönlich um die Abmessungen, die Fassaden, die Raumverteilung, die technischen Ausführungen der Decken, die Dekorationen ... Johann Gottfried Büring war mit den Planungen beauftragt worden. 1764 floh er aus Potsdam, Carl von Gontard (1731–1791) übernahm die Fortführung, und wie die Baumeister vor ihm wurde auch er auf der Wache arretiert, wenn er es gewagt hatte, sich den Wünschen des Königs entgegenzustellen und seiner Majestät zu widersprechen – einmal saß er 43 Tage lang. Die riesige Baumasse mit allein 488 Figuren vor und an der Fassade wirkt wuchtig und entspricht wie viele Werke des Alten Fritz nicht den Regeln der Baukunst: Wie Schloß Sanssouci hat auch das Neue Palais keine langgestreckte Allee, die direkt auf den Eingang des Repräsentationsbaus zuführt, und die Hauptfassade ist nicht etwa auf den Park mit seinen Bauten ausgerichtet, sondern wendet sich vom Geschehen ab. Gäbe es nicht die prächtig bewegten Dienstboten- und Küchengebäude, die Communs (Architekten: Jean Laurent Legeay, Carl von Gontard), die mit ihren Freitreppen und der Kolonnade den Schloßhof rahmen, der imposante Bau würde sich in der märkischen Heide verlieren.
Bereits 1769, sechs Jahre nach Baubeginn, war das Neue Palais fertig, mit einer Wohnung für Friedrich den Großen, die wie immer in einem Seitenflügel liegt und nicht im Zentrum, weil, so Friedrich Mielke, der König sich „nicht selbst in einem Schloß als Prospekt, als Zielscheibe sozusagen, darbieten

wollte". Die gleichförmige Fassade des Schlosses, in der die Haupteingangstüren ebenso so groß sind wie die daneben beginnenden Fenstertüren, stellt einen Versuch dar, die absolute, die universelle Gebäudefront zu gestalten.
Erschien den Zeitgenossen das Schloß als ein Wunder, an dem, so zitiert Mielke, „alle Kunst von Architectur, Bildhauer- und Mahlerarbeit verschwendet" ist, äußerten sich später die Kritiker skeptischer. 1909 schrieb zum Beispiel der Kunsthistoriker und Barockexperte Cornelius Curlitt (1850–1938): „Die Ansicht des Schlosses erscheint ruhmredig, ohne wirklich groß zu wirken. Man sieht, daß ohne eigentlich festen Plan gebaut wurde."
Mit der Vollendung des Neuen Palais begann die Leidenschaft für das Bauen und Gestalten im Park von Sanssouci in Friedrich dem Großen zu erlöschen. 1768 übergab er Gontard noch zwei Entwürfe für einen Antiken- und einen Freundschaftstempel, den er dem Andenken seiner 1758 gestorbenen Lieblingsschwester Wilhelmine widmete und durch den damals noch jungen und lichten Park von seinem Schreibtisch im Neuen Palais aus sehen konnte. 1770 ließ er sich von Gontard das Drachenhaus auf dem Drachenberg bauen, eine jener vom König so geliebten Chinoiserien, das als Winzerhäuschen gedacht war und heute ein beliebtes Café ist. Im gleichen Jahr orderte er bei Unger sein letztes Bauwerk für den Park von Sanssouci, das Belvedere auf dem Klausberg. In den kleinen Rundtempel, den Friedrich wegen der Schönheit des Ausblicks auf die Havellandschaft erbauen ließ, lud er hin und wieder kleinere Gesellschaften ein – am Ende seines Lebens allerdings immer seltener.
Immer weniger geschah auch im Park selbst. Der einst so prächtig angelegte Barock- und Rokokogarten war, zitiert Mielke, „dürr" geworden, empfanden

Mit dem Bau des Neuen Palais wurde die zentrale Allee endgültig zur Hauptachse im Schloßpark von Sanssouci. Die hohe Kuppel des mächtigen Palastes ist schon von weitem sichtbar.

Die Communs, die dem Neuen Palais gegenüberliegen, begrenzen den Schloßhof und stehen mit ihren bewegten Fassaden in einem reizvollen Kontrast zu der eher strengen Front des Schlosses.

die Besucher. Dabei hatte er doch selbst unermüdlich dafür gesorgt, daß aus dem Küchengarten Marly seines Vaters, in dem der Soldatenkönig den Kohl für seine selbstgekochten Weißkohlgerichte und Suppen anbaute, und aus den benachbarten Grundstücken ein gärtnerisches Paradies wurde. Trotz der unangenehmen Kindheitserinnerungen, die sich für Friedrich den Großen mit dem Küchengarten und dem kleinen Fachwerkschlößchen Marly verbanden: Denn oft hatte Friedrich Wilhelm I. den Hof sogar täglich zum Schießstand neben dem einfach ausgestatteten Schloß bestellt, das mit seiner feuchten und matschigen Gemüsegarten-Umgebung vor allem für die Hofdamen wenig komfortabel war.
In den von ihm und Knobelsdorff gestalteten Garten von Sanssouci ließ er über 3 000 freistehende Obstbäume und mehr als 1 200 Ananasgewächse pflanzen, und Gemüsefelder wurden angelegt, zum Beispiel hinter dem Chinesischen Teehaus. Über 800 Orangenbäume standen in der rasch zu klein gewordenen Orangerie, außerdem Pomeranzenbäumchen, die bei schönem Wetter die Terrassen von Sanssouci zierten und wie die Soldaten militärisch durchnumeriert waren; und in den gläsernen Nischen wuchsen Feigen- und Weinpflanzen, die in frostigen Frühlingsnächten von Kohleöfen gewärmt wurden. Noch war der Park von Sanssouci nicht die Traumlandschaft, die er unter Friedrich Wilhelm IV. werden sollte. Noch ähnelten Park und Bauten zwei Menschen, die einander im Dialog näherkommen, aber noch keine gänzliche Harmonie miteinander entwickeln. Doch der auch auf dem gärtnerischen Feld dilettierende König spürte wohl, was die Zukunft bringen würde. Zwar gab es in Sanssouci die Geometrie und die Regelmäßigkeit, wie sie in einem barocken Garten üblich war, aber die Wege neben der bis heute erhaltenen Hauptachse schlängelten

sich durch die Schönheiten des Geländes und suchten Strenge und Norm zu vermeiden. In Sanssouci begann ab 1750 die englische Landschaftskunst Einfluß zu gewinnen und sich das Ideal eines natürlichen Gartens in ländlicher Idylle durchzusetzen. Beim Neuen Palais allerdings wurden noch einmal die alten Maßstäbe hervorgeholt: Rückwärtsgewandt wie der ganze riesenhafte Bau ist auch seine Gartenanlage, die vom Beginn des 18. Jahrhunderts zu stammen scheint.
Der Park Friedrichs des Großen ist heute nur noch an wenigen Stellen originär erhalten. Meister der Gartenkunst, allen voran Peter Joseph Lenné, haben die Landschaft zwischen Charlottenhof und dem Drachenberg, zwischen Neuem Palais und Holländischem Garten in wesentlichen Zügen verändert und umgestaltet, dabei die einzelnen funkelnden Edelsteine im friderizianischen Park Sanssouci zu einem Schmuckstück gefaßt und sie so zu einem einmaligen Kunstwerk gemacht.

Gemeinschaftswerk und Symbol für die Vielfalt der Bautypen in Potsdam: die Alexander-Newski-Kapelle auf dem Kapellenberg. Karl Friedrich Schinkel hat sie in Zusammenarbeit mit dem Petersburger Architekten Wassilij Petrowitsch Stassow (1769–1848) entworfen und dabei altrussische und klassizistische Elemente zu einem eigenständigen Kunstwerk zusammengeführt.

Baugeschichte in Bildern

„Potsdamo" – oder: schöne Straßen und Plätze (1640–1688)

Obwohl in Potsdam seit 1415 ein Hohenzoller regierte, baute sich erst etwa 250 Jahre später Friedrich Wilhelm, der Große Kurfürst, einen ständigen Wohnsitz in der Havelstadt. Im November 1661 weilte sein von ihm verehrter, kluger, wissenschaftlich und künstlerisch äußerst gebildeter Freund Johann Moritz Fürst von Nassau-Siegen längere Zeit in Potsdam und beschäftigte sich mit den Entwürfen für eine neue kurfürstliche Residenz. Das Potsdamer Stadtschloß hat vermutlich kein Architekt konzipiert. Seine geistigen Väter waren Friedrich Wilhelm selbst und Fürst Johann Moritz unter dem Einfluß eines Buches über die Architektur des von beiden Männern geschätzten holländischen Baumeisters Jacob van Campen; die Umsetzung der Pläne und Ideen übernahm dann der in Holland geschulte Baumeister Johann Gregor Memhardt, und so entstand ein Schloß, das der Kurfürst für gewöhnlich bewohnte und in dem er 1688 auch starb.
Die weiß verputzten, offenbar schlicht ausgeführten Fassaden des zwei- und dreistöckigen Schlosses standen in einem wirkungsvollen Kontrast zu den roten Dachziegeln und der glitzernden Wasserfläche des Schloßgrabens. Zweckmäßigkeit und Ästhetik des von Friedrich Wilhelm bevorzugten holländischen Stils bestimmten auch das Innere des barocken Gebäudes, dessen großzügige hohe Räume „mit kostbarsten Meubles ausgestattet sind, vorzüglich aber mit Gemälden von hohem Werthe und besonderem Reiz für das Auge", wie Gregorio Leti, der Hofgeschichtsschreiber, in einem 1687 in Amsterdam erschienenen Buch ausführte, das er über das Stadtschloß und die anderen Lustschlösser des Kurfürsten geschrieben hatte.

Der Bau des Schlosses und dazu der Fasanerie, der Orangerie, des Kutschstalls und des Lustgartens veränderten das kleine Nest Potsdam zwangsläufig. Empfänge mit bis zu 3 000 Gästen mußten bewältigt werden, das allherbstliche kurfürstliche Jagen im Wildpark, einem weitläufigen Waldgebiet, brachte zahlreiche Besucher. Geschickte Handwerker und Dienstleistungsunternehmer waren gefragt, der Geschmack des in bescheidenem Umfang vorhandenen Bürgertums hob sich, neue Bürgerhäuser wurden benötigt. Und: der Kurfürst betätigte sich selbst als Bauherr in der Stadt. In der Umgebung der damals neu angelegten Breiten Straße, der „Kurfürstlichen Freiheit", ließ er ein repräsentatives Wohnviertel errichten mit 36 barocken Häusern, in vier Zeilen mit jeweils neun Reihenhäusern unter einem Satteldach – „Wohnungen vor die Chur Fürstlichen Manufacturen und Handwerker". Leti hat sich auch darüber geäußert: „Potsdamo hat schon seit langer Zeit diesem Durchlauchtigsten Kurfürsten als Residenz gedient, da er sich nur selten und nur für wenige Tage nach Berlin, der eigentlichen Hauptstadt des erlauchten Hauses, begiebt. Dieser Ort, am Ufer des Flusses gelegen, war früher nur ein gewöhnlicher Flecken, aber seit Se. Kurfürstliche Durchlaucht die Residenz hier aufgeschlagen, vergrößert er sich durch Bauten und Wohnhäuser so sehr, daß er sich mit seinen schönen Straßen und Plätzen mit jeder Stadt von mittlerer Größe vergleichen kann."
Die schiffbaren Gewässer der Havel trugen dazu bei, daß sich der Große Kurfürst, ein leidenschaftlicher Segler, in der weitläufigen Landschaft von Potsdam wohlfühlte, die Lustschlösser Caputh, Bornim und Klein-Glienicke ans Wasser bauen und fünf exakte Alleen anlegen ließ, die den Stadtgrundriß prägten und den Blick in die Landschaft lenkten, etwa die „allé gegen Glienicke", so Mielke, mit dem bis

heute erhaltenen Straßenabschnitt „Alt-Nowawes“. Im französischen Barockgarten, der dem Großen Kurfürsten wie allen Herrschern im damaligen Europa als Vorbild für den eigenen Lustgarten diente, waren Sichtachsen, als grüne Architekturen ausgebildet, wesentliche Gestaltungsmittel. Das ausklingende Barock entdeckte zudem das Zulaufen solcher Sichtachsen auf einen point de vue, auf einen Aussichtspunkt, wie es Dézailler d'Argenville 1709 in seiner „Théorie et pratique du jardinage“ beschreibt: „Was nützt es, einen Garten an einer tiefer gelegenen Stelle anzulegen, von der man keinen Ausblick hat? Eine solche Lage wäre sehr langweilig. Nichts finde ich ergötzlicher und angenehmer in einem Garten als einen schönen Blick und die Aussicht einer schönen Landschaft.“ Der Große Kurfürst ging bei der Konzeption seiner Alleen von solchen Vorstellungen aus, und sein Enkel König Friedrich Wilhelm I. hat Potsdam später entlang dieser Achsen weiterentwickelt.
Mit dem Bau des Schlosses, mit Straßen, Kanälen und Alleen gab Kurfürst Friedrich Wilhelm der Havelstadt eine Struktur, die bis zu deren Zerstörung im April 1945 und der Abtragung der Bauten zu Zeiten der DDR den Kern der Stadt ausmachte. Mit seinem Engagement für die Garten- und Landschaftskunst legte er den Keim für die Kulturlandschaft, die Peter Joseph Lenné 200 Jahre später zur höchsten Blüte bringen sollte. Zierpflanzen aus aller Welt kamen an die Havel. Der Große Kurfürst förderte und unterstützte den Obst- und Weinbau auch mit Geld aus seiner Privatschatulle, um den immer noch von den Wirren des Dreißigjährigen Kriegs betroffenen Bauern wieder ein Auskommen zu ermöglichen und das „Eyland“ zu verschönern. Ein kurfürstliches Geheiß lautete beispielsweise, „daß die Unterthanen, in Sonderheit in kleinen Städten, Flecken und auf dem Lande, nützliche Bäume pflantzen sollen“. Sechs

Obstbäume mußte ein Bräutigam vor der Hochzeit gepfropft und dazu noch sechs junge Eichen eingepflanzt haben, ehe er sich die Erlaubnis zum Heiraten bei den Behörden holen konnte. In Bornim entwickelte Friedrich Wilhelm das von ihm 1633 erworbene Gut zu einem vorbildlichen Lehrbeispiel und ließ auf diesem Mustergut allein 1 595 Obstbäume sowie 384 Linden und Kastanien setzen.
Während seiner Herrschaft entfaltete sich das bis dahin unbedeutende Potsdam neben Berlin zur zweiten Residenz. Daran änderte sich auch während der Regierungszeit von Kurfürst Friedrich III., dem späteren König Friedrich I., nichts. Er engagierte sich zwar nur wenig für Potsdam, blieb aber 1701 gleich für einige Monate in der Stadt und hielt im Potsdamer Stadtschloß prunkvoll hof, bis sich Berlin so weit vorbereitet hatte, daß es den am 18. Januar dieses Jahres in Königsberg zum ersten preußischen König ausgerufenen Friedrich I. am 6. Mai gebührend empfangen konnte.

Der Soldatenkönig – oder: Bauen für die Stadt (1713–1740)

Bis 1713 war Potsdam nie Garnisonsstadt gewesen. Mit der Entscheidung König Friedrich Wilhelms I., sein Leibbataillon mit 560 Mann nach Potsdam zu verlegen und die Stadt zum ständigen Standort seiner Garde zu machen, veränderte er sie grundlegend: Potsdams Schicksal war nunmehr von der Entwicklung des Militärs abhängig. Rasch wurden Quartiere für die Soldaten gebaut, nicht in Kasernen, sondern in den Giebelstuben neu errichteter Bürgerhäuser, in denen die Soldaten untergebracht wurden. Die einfachen und schlichten Fachwerkbauten wurden städtebaulich geschickt plaziert und gruppiert und säumten als Reihenhäuser die Straßenränder. Unterstützte der

König aus eigener Schatulle das Gebäude eines privaten Bauherrn, dann war der Besitzer verpflichtet, zur Verschönerung der Stadt beizutragen und eine ansehnliche Fassade anzubringen.
Immer mehr Soldaten kamen nach Potsdam, und die Stadt mußte deshalb gleich zweimal, 1722 und 1733, erheblich erweitert werden. Spätestens mit der zweiten Stadterweiterung wurden solide, massiv gebaute und verputzte Bürgerbauten errichtet, die zwar uniform ausgeführt, im Detail aber so differenziert waren, daß sie nicht langweilig wirkten. Die vornehmeren, für Standespersonen gedachten Wohnhäuser am Stadtkanal ähnelten einander ebenfalls und unterschieden sich nur in Nuancen. Friedrich Wilhelm I. hatte den Kanal nach dem Vorbild holländischer Grachten anlegen lassen. Jahrhundertelang galt er als vornehme Adresse in Potsdam. Zwischen 1965 und 1975 haben ihn die DDR-Behörden zuschütten lassen.
Die Vorbilder für die Potsdamer Bürgerhäuser standen in der Hugenottenstadt Karlshafen an der Weser und in den Niederlanden: Bereits 1700 und 1704/05 hatte Friedrich Wilhelm I. auf seinen Bildungsreisen in die Niederlande auch unverputzte Backsteinbauten kennengelernt und war wie sein Großvater von der praktischen und schlichten Baukunst der Holländer beeindruckt. 1732 fuhr er erneut nach Amsterdam und verpflichtete dabei holländische Bauhandwerker und Ingenieure, deren Fähigkeit er bewunderte, auch auf sumpfigem Gelände bauen zu können. In Potsdam gab es reichlich Morast, zum Beispiel an der heutigen Mittel- und Kreuzstraße: Für das Holländische Viertel (1733–1742) wurden hier zahlreiche Wassergräben begradigt, ganze Wälder in den sumpfigen Boden gerammt und Schiffsladungen voll Sand und Stein in den Morast gekippt, ehe nach einigen Fehlversuchen damit begonnen werden konnte, 134

schmucklose, aber komfortable Reihenhäuser aus Ziegelstein an schnurgeraden Straßen aufzureihen wie die Soldaten der Garnison. Die Gebäude waren typisiert und vollständig möbliert, sie hatten alle weiße Fensterläden, individuell geplante Grundrisse und rhythmisch wechselnde Dachformen. Das neue Viertel, das unter der Leitung des Amsterdamer Baumeisters Johann Boumann (1706–1776) entstanden war, sollte tüchtige holländische Handwerker an die Havel locken, was teilweise auch gelang. Wie heute wohnten schon damals, und besonders während des Baus von Schloß Sanssouci, Künstler und Kunsthandwerker aus vielen Ländern in dem reizvollen Stadtviertel.
Fast wäre das einmalige Ensemble nach dem Zweiten Weltkrieg verloren gegangen: DDR-Stadtplaner wollten die immer mehr dem Verfall preisgegebenen Häuser, weil zu bürgerlich, niederreißen und nur einige Vorzeigebauten erhalten. Heftige Bürgerproteste verhinderten den Abriß.
1740 trug jeder vierte Bürger der Stadt den bunten Rock; Potsdam war die „alma mater militaris" in Preußen, die Militärstadt, und selbst vor der eigenen Haustür machte der König nicht halt: Als eine seiner ersten Amtshandlungen ließ er den barocken Lustgarten vor dem Stadtschloß planieren, in ein Exerzierfeld umorganisieren und die Orangerie in einen Pferdestall umwandeln. Anspruchslos wie Friedrich Wilhelm in persönlichen Dingen war, verzichtete er auf das kostbare Mobiliar im Schloß, stellte es statt dessen ins Magazin oder verkaufte es. Die Schloßkapelle wurde in eine Kirche umgebaut und stand auch den Soldaten, die aus 16 Nationen kamen, als Gotteshaus zur Verfügung. Als die Garnison zu groß und die Kirche zu klein wurde, übergab der König sie 1722 der französischen Gemeinde. Mit großer religiöser Toleranz sorgte der streng calvinistisch Gläubige dafür, daß auch die Anhänger anderer Religionen ein

Seit mehr als 250 Jahren beliebtes Wohnviertel in Potsdam: das Holländische Viertel, das trotz des einheitlichen Materials Backstein durch seine immer wieder anders angeordneten Giebel und Hausfronten äußerst lebendig und eigenwillig ist.

In den Giebelstuben der früher meist mit Fachwerk versehenen Häuser im Zentrum der Stadt wohnten die Soldaten, die von den Hausbewohnern mitversorgt werden mußten.

angemessenes Gebetshaus bekamen. Der Umbau der Schloßkapelle blieb nicht das einzige Gotteshaus, für das der sonst so sparsame, in religiösen Dingen aber äußerst großzügige König viel Geld ausgab. Er fühlte, er sei Gott diese Bauten schuldig, und machte dabei keinen Unterschied zwischen dem Gott der Protestanten und dem der Katholiken. So spendete er für die katholische Kirche, die 1722 vorwiegend für katholische Büchsenmacher aus Lüttich errichtet worden war, kostbare Paramente aus Prag für den Altar und zudem zwei Gemälde von Antoine Pesne, einem der wenigen Künstler, dem der König ein gutes Gehalt zukommen ließ. Etwa zur gleichen Zeit, 1721, entstand die Nikolaikirche am Alten Markt, vermutlich von Philipp Gerlach (1679–1748) entworfen, außer dem Turm, der noch von der Vorgängerkirche aus dem 16. Jahrhundert stammte und von Gerlach nur neu gegliedert wurde. Die Nikolaikirche war zunächst der einzige weithin sichtbare architektonische Akzent im Stadtbild von Potsdam. Fünf Jahre später, 1726, bekam Pierre de Gayette (1683–1747) den Auftrag, die Heiliggeistkirche mit einem hohen barocken Turm an der Burgstraße zu bauen, dort, wo einst die slawische Burg gestanden hatte. Der Turm stammte allerdings von Johann Friedrich Grael (1708–1740).

1720 bereits hatte der König den Bau der Garnisonkirche befohlen, die ihm und der immer noch wachsenden Garnison als Andachtsort dienen sollte. Das zunächst in Fachwerk ausgeführte Gebäude zeigte bereits zehn Jahre nach seiner Fertigstellung die ersten Risse, wurde unbenutzbar und sackte in den sumpfigen Untergrund. Unweit davon, nun aber auf einem Untergrund, der mit Steinen und Holzpfählen tragfähig gemacht worden war, errichtete Gerlach von 1730 bis 1736 ein zweites Gotteshaus aus Stein, das baukünstlerisch alles bis dahin in Potsdam

Bekannte übertraf und den Vergleich mit den besten Kirchenbauten der Zeit nicht zu scheuen brauchte. Meisterlich führte er den Turm aus mit seinen sich von Etage zu Etage allmählich vom Rechteck zum Quadrat wandelnden Grundrissen und der dadurch sich verändernden Plastizität wie auch mit der offenen Glockenspielhalle unter dem hohen Helm, der als Abschluß das fast 90 Meter hohe Bauwerk bekrönte. 1755 rühmte der weitgereiste königlich dänische Justizrat Johann Peter Willebrand die „vortrefflichen Thurmspitzen in Amsterdam, Groningen und Potsdam“ und verglich die Garnisonkirche mit den großen niederländischen Beispielen. Die beiden Glockenspiele „Üb' immer Treu und Redlichkeit“ und „Lobet den Herren“, die früher vom Turm der Garnisonkirche herabklangen und den alten Potsdamern noch immer in Erinnerung sind, ertönen heute von einem freistehenden Gerüst, das sich in der Nähe des einstigen Standorts der Kirche befindet. Die Melodien sind Symbol der preußischen Tugenden Pflichtbewußtsein, Fleiß, Disziplin und Ordnung, aber auch des Militärs: „Am Horizont stand in scharfer Linie steifgrenadierhaft die Garnisonkirche von Potsdam: das Symbol des Jüngstgeborenen im alten Europa, des Militärstaats Preußen“, schrieb etwa Theodor Fontane in seinen „Wanderungen durch die Mark Brandenburg“.

Bis 1945 haben besonders die drei von Friedrich Wilhelm I. angeregten Kirchenbauten, Nikolaikirche, Heiliggeistkirche und Garnisonkirche, die Stadtsilhouette bestimmt. Heute ragt allein die Kuppel der Nikolaikirche in den Potsdamer Himmel, eines klassizistischen Nachfolgebaus der barocken Kirche.

Der einzige Luxus, den sich Friedrich Wilhelm neben den Kirchenbauten und seiner Garde leistete, war das Jagdschloß Stern im Süden der Parforceheide, das er im holländischen Stil gestalten ließ. Mit einer Grund-

Das Wahrzeichen von Potsdam, die Nikolaikirche mit der hohen Kuppel, von Karl Friedrich Schinkel geplant.

fläche von kaum mehr als 170 Quadratmetern fiel es wenig größer aus als ein Wohnhaus und wurde bestimmt von einem 52 Quadratmeter großem Saal im Erdgeschoß, in dem der König gern seine berühmten Tabakskollegien abhielt und dazu Generäle und Stabsoffiziere einlud, Gelehrte, Standespersonen und berühmte Durchreisende. Oft mußten sogenannte Zeitungserzähler ihr Wissen von aktuellen Ereignissen und politischen Entscheidungen aufsagen, und es stand dann „jedem frey", schrieb 1738 der Professor für Geographie und Geschichte in Halle, Salomon Jacob Morgenstern, „seine Gedanken oder Meinungen vorzutragen. Wurden diese wichtig, so gieng des Königs Wißbegierde soweit, daß er aufgab: jeder sollte das Seinige darüber sagen, damit Er selbst, nach den meisten Stimmen, oder nach dem Gewicht der Gründe, den Schluß machen könnte, was davon zu halten."

Neben seinen Soldaten lagen Friedrich Wilhelm I. aber auch das tägliche Wohl und die Arbeit seiner Untertanen am Herzen. Nachdem er 1717 die allgemeine Schulpflicht in Preußen eingeführt hatte, gründete er 1739 die Große Stadtschule in der Nauener Straße, eines der bedeutendsten städtischen Bauwerke, in dem bis heute ein historisches Schulzimmer zu besichtigen ist und das vermutlich Pierre de Gayette entworfen hat, der zu dieser Zeit die Bauten in Potsdam leitete. Die Waisenkinder der Soldaten fanden im Großen Militärwaisenhaus an der Lindenstraße – heute Sitz des Deutschen Gewerkschaftsbundes – ein zwar oftmals zu strenges und arbeitsintensives Zuhause, „denn Zucht macht Leute", sie mußten aber zumindest nicht mehr betteln gehen. 1778 wurde der Bau von Carl von Gontard auf Wunsch Friedrichs des Großen umgebaut und erhielt ein Treppenhaus, das in seiner architektonischen Schönheit überragend war.

Traumstadt – oder: friderizianische Kulissenarchitektur (1740–1786)

Die ersten Jahre nach dem Amtsantritt Friedrichs des Großen am 31. Mai 1740 waren für die Potsdamer eine recht unsichere Zeit. Zwar ließ der junge König das von seinem Vater begonnene Holländische Viertel 1742 beenden – sonst geschah jedoch nichts. Potsdam, von Friedrich Wilhelm I. so heftig protegiert, schien plötzlich bedeutungslos zu werden. Spätestens 1743 aber erkannte auch Friedrich II. die Vorteile der Stadt. Sie lag nahe an der Hauptstadt Berlin, und sie war die „Pflanzschule“ der inzwischen auf 132 000 Mann angewachsenen preußischen Armee. Hier waren die wichtigsten Truppen des Landes stationiert, und wie sehr die Kampfkraft der Armee von der Anwesenheit des Königs abhing, wußte er nur zu gut. Friedrich der Große hat die Stadt nie geschätzt, brachte jedoch gleichzeitig auch nicht den Mut seines Vater auf, sich eine eigene Residenz zu schaffen und ganz neu anzufangen. Er setzte beim Bauen wie in der Politik das Werk seines Vorgängers fort und modifizierte es zugleich; er suchte Halt in Bekanntem, allseits Anerkanntem, um dann mit ungewöhnlichen Eingebungen und genialen Gedanken zu verblüffen.
Potsdam bekam ein neues Gesicht, keine neue Struktur. Friedrich dem Großen war – und hier war er ganz Kind seiner Zeit – die Ansicht und die Dekoration eines Bauwerks wichtiger als sein Inhalt. Nach dem Umbau und der Erweiterung des Stadtschlosses (1744–1752), das Knobelsdorff mit zwei Kolonnaden – deren korinthische Säulen von klassisch schöner Proportion waren – zur Stadt hin abgeschlossen hatte, und nach der Fertigstellung von Schloß Sanssouci begann der König, Potsdam systematisch auszuschmücken und auf seine Kosten die Fassaden der

etwa 1 000 Bürgerhäuser seinem Geschmack und seinen Vorstellungen von einer Traumstadt anzupassen. Für viele Bauten skizzierte er die Fassaden höchstpersönlich, für alle schrieb er sie nach seinen Vorstellungen vor und befahl, daß sie nicht verändert werden dürften. Meist ließ er vor zwei oder drei, manchmal sogar vor vier der meist bescheidenen Domizile prächtige Palastfassaden stellen – wie Kulissen im Theater, das der König liebte. Oft stimmten die außen vorgegebenen Geschoßhöhen mit dem Inneren des Gebäudes nicht überein. Die Brauerwitwe Craatz, Besitzerin eines Hauses am Blücherplatz 2, beklagte sich, so die Überlieferung: Wegen der Fassade „mußte sich das Innere so gut als möglich darnach bequemen." Die Fenster im Zwischengeschoß waren so, „daß man sich auf den Fußboden legen muß, wenn man sehen will." Potsdam zeigte sich in seinen „Vorhemdchen", wie die Schaufassaden im Volksmund hießen, prächtiger als je zuvor, allerdings oft nur dort, wo der Blick des Königs hinfiel. An einem Haus zum Beispiel, dessen Front von der Breiten Straße aus zu zwei Dritteln zu sehen war, ließ er diesen Fassadenabschnitt erneuern, während der Rest fünf Jahre lang Baustelle blieb, mit allen Unbequemlichkeiten für die Bewohner.

Nicht immer gelang es Friedrich dem Großen jedoch, sich mit seinen Ideen durchzusetzen. Ausgerechnet am Alten Markt und gegenüber dem Stadtschloß, wo er ein neues Rathaus sehen wollte, wehrte sich der Bäcker Windelband gegen die Enteignung – und durfte sein Wohnhaus behalten. Das Rathaus (1753–1755, Architekt Johann Boumann) mit dem vergoldeten, globustragenden Atlas auf der Kuppel mußte nun kleiner ausfallen als geplant. Der Turm wurde in der ursprünglich vorgesehenen Größe errichtet und sitzt jetzt wie ein zu großer Kopf auf dem Baukörper.

Wie durch ein Wunder blieb der Atlas auf dem Alten Rathaus, der die Erdkugel auf dem Rücken trägt, beim Bombardement von Potsdam am 14. April 1945 unversehrt.

Anregungen für seine „bürgerlichen Palastfassaden" holte er sich, wie bei allen seinen Bauwerken, aus der Architekturgeschichte und dem aktuellen Zeitgeschehen. In Potsdam fanden sich Imitationen des Palazzo Barberini in Rom oder des Palazzo Valmarana in Vicenza, daneben ein Gemisch aus den verschiedensten Architekturstilen, aus Statuen und Dekorationen. 1798 beschrieb ein anonymer Korrespondent in der in Altona erscheinenden Zeitschrift „Genius der Zeit" seine Eindrücke aus der immer noch weitgehend friderizianisch bestimmten Residenz: „Potsdam ist eine freundliche reinliche, lichte Stadt, doch muß ich gestehen, daß ich häufig auf Beweise eines kleinlichen verkehrten und bizarren Geschmacks in der Bauart dieses berühmten Orts gestoßen bin."
Als das Interesse des Königs am Potsdamer Bauwesen um 1775 erlahmte und die Architekten, vor allem Gontard und seine Schüler, freiere Hand erhielten, entwickelten sie eine friderizianische Architektur von Profil, bauten Häuser, die nichts mehr vortäuschten, sondern in denen gut gelebt und gewohnt werden konnte, und die Stadt bekam ein ansprechenderes, ein ehrlicheres Gesicht, wie schon in den dreißiger Jahren unter Friedrich Wilhelm I., dessen Häuser keine vorgetäuschten Paläste, sondern wirkliche Bürgerhäuser waren – dezent, geschmackvoll dekoriert, zweckmäßig.
Avantgardistisch war Friedrich der Große vermutlich eher ungewollt: Neu und der Zeit weit voraus war das von ihm entworfene Nauener Tor (1755, Architekt Johann Gottfried Büring), dessen neugotischer Stil auf dem Kontinent erst Ende des 18. Jahrhunderts en vogue wurde. Ungewöhnlich und einmalig auch die Fahnentreppe beim Stadtschloß: Kindergroße, vergoldete Putten, geformt von dem begabten Bildhauer Friedrich Christian Glume (1714–1752), der am Stadtschloß selbst und in Sanssouci gewirkt

hat, hielten statt Stützen das Geländer der Treppe, die deshalb auch Engelstreppe hieß. Und mit der Bildergalerie neben Schloß Sanssouci ließ der preußische König einen der ersten eigenständigen Museumsbauten in Deutschland erstellen.

Die neue Zeit – oder: Klassizismus an der Havel (1786–1797)

„Das Bett in einer durch einen Wandschirm abgetrennten Ecke, ein ganz gewöhnliches Holzgestell, wäre zu dürftig für einen Mönch. Sonst sind Gardinen und Möbel kostbar, sehen aber, da der Gebrauch von Taschentüchern anscheinend unbekannt ist, sehr ekelhaft aus." Ein Jahr vor dem Tod des Alten Fritz besuchte der in Venezuela geborene Francisco Graf Miranda (1750–1816) Schloß Sanssouci und notierte in seinem Tagebuch seinen Eindruck vom Arbeits- und Schlafzimmer des Königs. Den völlig verwohnten Raum ließ sein Nachfolger, Friedrich Wilhelm II., sofort nach der Thronbesteigung vom Dessauer Architekten Friedrich Wilhelm Freiherr von Erdmannsdorff (1736–1800) in dem neuen, dem klassischen Stil umbauen. Denn nicht Restauration, sondern künstlerische Aufgeschlossenheit den Strömungen der Zeit gegenüber zeichnete die Baupolitik Friedrich Wilhelms II. aus. Das Brandenburger Tor in Berlin konnte während seiner Regierungszeit entstehen (1788–1791, Architekt Carl Gotthard Langhans (1732–1808)), nicht während des „friderizianischen Barock". Sein größter Bau, das Marmorpalais (1787–1791, Innenausbau 1789–1790 von Carl Gotthard Langhans, Bauwerk endgültig vollendet unter Friedrich Wilhelm IV. 1845), gehörte mit seiner strengen kubischen Grundform zu den modernsten des Klassizismus. Der König hatte es bei Gontard in Auftrag gegeben. Vermutlich dem neuen, ihm unge-

wohnten Stil gegenüber unsicher, ließ Gontard kleinteilige Girlanden, Gesimse und Reliefs an den Fassaden anbringen und schwächte damit die Reinheit der von ihm geschaffenen klaren Form.
Die Wahl des Marmors als Baumaterial geschah aus Sparsamkeit: Als Friedrich Wilhelm II. als König endlich die Möglichkeit hatte, sich sein eigenes Schloß zu bauen und nicht mehr, wie in langen 20 Jahren zuvor, in einem Bürgerhaus in Potsdam leben mußte – in Sanssouci im Schloß des ungeliebten Onkels wollte er nicht residieren –, ließ er noch im Herbst 1786 anfragen, welches Baumaterial im königlichen Depot gelagert sei. „Reichlicher Bestand an Marmor" war die Antwort, und nachdem er am Heiligen See ein Grundstück gekauft und im bereits vorhandenen Landhaus mit Potsdamer Offizieren viele bacchantische Feste gefeiert hatte, begannen hier im Mai 1787 die Bauarbeiten. 1796 ließ er das Palais aus weiß-grauem Marmor und Ziegelsteinen erweitern, weil es den Ansprüchen des Hofes nicht mehr genügte, und da nun in der Eile das Baumaterial knapp war, befahl er, die unter Friedrich dem Großen im Park von Sanssouci gebaute Marmorkolonnade abzureißen. Als Brunnen hatte das Bauwerk, das zu den schönsten Werken Knobelsdorffs zählte und Friedrich den Großen über 200 000 Taler gekostet hatte, nie funktioniert. 20 Säulen der Springbrunnenanlage wurden, etwas gekürzt und klassizistisch umgearbeitet, an der Hofseite des Marmorpalais aufgestellt – preußische Sparsamkeit.
So klar und rein die Konzeption des weit in die Wasser des Heiligen Sees geschobenen klassizistischen Baus ist, so verspielt, gefühlsbetont und kulissenhaft-maskiert sind die Parkbauten im ihn umgebenden Neuen Garten, den der Landschaftsgestalter Johann August Eyserbeck (1762–1801) auf Anregung Friedrich Wilhelms II. nach und nach im neuen englischen

Erinnert an ein graphisches Kunstwerk: das elegant geschwungene Treppenhaus in einem der beiden Türme des Lustschlosses auf der Pfaueninsel.

Von Anfang an als Ruine geplant: das kleine Lustschloß aus weiß gestrichenem Holz auf der Pfaueninsel mit weitem Blick über die Havel nach Potsdam.

Stil durchformte: eine Pyramide als Eiskeller, ein halb versunkener Tempel als Küche für das Marmorpalais, ein gotischer Turm als Bibliothek, eine Orangerie mit ägyptischer Tempelfront als Konzertsaal, Marstall und Kavaliershäuser à la Alt-Holland, eine sich geheimnisvoll präsentierende Muschelgrotte mit bequemen Zimmern und Aussicht auf das Wasser – sie alle sollten die Betrachter überraschen und verblüffen. Widersprüche und Kontraste waren gefragt, das Perfekte kontrastierte mit einer Ruine, Rückgriffe auf antike Formen bewiesen das Bildungsniveau der Erbauer und emotionale Motive entsprachen dem romantischen Zeitgeschmack.
Der Neue Garten war vermutlich mehr als nur Idylle für heitere Szenen und Gartenlust: 1772 war Prinz Friedrich Wilhelm mit seinem Hang zum Spiritismus als Freimaurer der Berliner Loge „Zu den drei Goldenen Schlüsseln“ beigetreten. Wahrscheinlich hat er dann als König die Bauten im Park nicht nur als einfache Vergnügungen und Spielereien gestalten lassen, sondern in ihnen verkörperten sich jeweils Ideale der Freimaurer, auch wenn es den Mitgliedern des Geheimbundes eigentlich verboten war, darüber etwas in Wort und Bild zu verraten.
Ein verwunschener Ort in Sichtweite des Marmorpalais war das kleine Schloß auf der Pfaueninsel. Noch spielte die Havel nicht die Rolle des Gartensees in der Potsdamer Kulturlandschaft, wie es sich Lenné einmal wünschen sollte: Er schlug Friedrich Wilhelm III. 1816 vor, die Havel „als einen See mit einem großen Park in einer Ausdehnung von fast zwei deutschen Meilen, von dem Karlsberge bei Baumgartenbrück an bis zur Pfaueninsel“, zu umgeben. Doch noch war es nicht soweit. Zunächst einmal dehnte der kunstsinnige König Friedrich Wilhelm II. 1793 seine gärtnerischen und architektonischen Bemühungen vom Neuen Garten über die Havel bis zu der

verwilderten Insel aus, die er auf vergnüglichen Rudertouren entdeckt hatte. Zuvor hatte er sich vergeblich darum bemüht, den Neuen Garten nach Norden zu erweitern und einen Teil des Geländes des sogenannten Judenbergs zu kaufen, auf dem sich bis heute der jüdische Friedhof befindet. Wegen zu hoher Grundstückskosten verzichtete er. Er erwarb stattdessen die Pfaueninsel, ließ die Landschaft umgestalten und sich vom Potsdamer Hofzimmermeister Johann Gottlieb Brendel sein Belvedere bauen. Weil der Boden weich und sumpfig war und sicher auch aufgrund beruflicher Vorlieben griff der Handwerker für das einem halbverfallenen römischen Landhaus nachempfundene Ruinenschlößchen zu Holz als Baumaterial und verband die beiden weiß gestrichenen Türme mit einer hohen Brücke. Der pittoreske Bau kam der Sehnsucht der Zeit nach dem Unvollkommenen, dem Unvollendeten als Gegensatz zur Rationalität des Klassizismus entgegen und erfüllte die Wünsche des Königs und seiner langjährigen Freundin Wilhelmine Enke, der späteren Madame Ritz und Gräfin Lichtenau, nach einem romantisch-beseelten Lustschloß.

Die äußerst geschmackvolle und stilsichere Inneneinrichtung des strahlend weißen Gebäudes bestimmten der König und die Gräfin Lichtenau selbst. Wie sehr die kluge und charmante Frau Handwerker und Künstler beeinflußt oder gar bei den Entwürfen für die Pfaueninsel und das Marmorpalais mitbestimmt hat, ist nicht belegt. Doch die kultivierte und künstlerisch höchst ausgereifte Einrichtung ihres Palais Lichtenau (1796–1797) an der Straße Am Neuen Garten übertraf an Eleganz alles in Potsdam, und das Gebäude mit dem rosettengeschmückten Hauptgesims ist eines der außergewöhnlichsten Zeugnisse des frühen Klassizismus in Deutschland.

Anders als sein Vorgänger in den letzten Jahren sei-

Bürgerlich-wohnlich gestalteten sich der König und seine Geliebte Wilhelmine Enke die Räume im Lustschloß auf der Pfaueninsel, etwa den Pavillon mit den gemalten Palmenbäumen.

Die Innenausstattung des Lustschlosses ist noch weitgehend im Originalzustand erhalten und gehört zu den Kostbarkeiten der Kulturlandschaft Potsdam.

ner Regierungszeit war Friedrich Wilhelm II. ein umgänglicher König, der nicht mehr mit „Er", sondern mit „Sie" angeredet werden wollte und dem die Anliegen der Bürger Maßstab für seine Bauvorhaben waren: Beim Brand der Nikolaikirche am 3. September 1795 wurden neben dem Gotteshaus auch sieben Bürgerhäuser zerstört. Noch in der Nacht war der König vor Ort und bezahlte später aus der königlichen Schatulle die Neubauten, die nach den Vorstellungen ihrer Bewohner errichtet wurden. Unter dem architekturverständigen Friedrich Wilhelm II. hörten in Potsdam die Fassaden auf strammzustehen.

Arkadien – oder: Komposition des Gesamtkunstwerks (1797–1861)

Wenn er an heißen Sommertagen auf dem Weg vom Neuen Palais zum Bad im Fluß war, hielt er oft am Gut Charlottenhof inne: Die Stille des Orts, das zur Havel langsam abfallende Gelände, die schlichten Mauern kamen der Sehnsucht des Kronprinzen Friedrich Wilhelm nach Einsamkeit und Natur entgegen. Zu lange Jahre aber hatte der Besitzer nur versprochen, das sandige und sumpfige Land mit dem Gebäude aus dem 18. Jahrhundert zu verkaufen. Endlich, 1825: Viel Geld sollte alles kosten, dennoch erwarb König Friedrich Wilhelm III. Charlottenhof und schenkte es seinem Sohn, kannte er doch dessen besondere Vorliebe für diesen abgeschiedenen Ort. Mit dem Kauf und dem Umbau von Charlottenhof begann die 35 Jahre andauernde Verwandlung der Potsdamer Landschaft in eine Garten-Kulturlandschaft von höchstem Rang. Drei Männer wirkten entscheidend daran mit: Schon als Kronprinz bestimmte Friedrich Wilhelm IV. maßgeblich die Bauvorhaben in Potsdam – wohlwollend befürwortet von seinem Vater, wenn sie den Staatsetat nicht belasteten. Der Kronprinz wäre lieber Architekt als König geworden, Tausende von Architekturzeichnungen fertigte er im Laufe seines Lebens an, und wenn er gekonnt hätte, so hätte er am liebsten in Rom gelebt. Nun versuchte er, seine Sehnsucht nach Italien an den Stränden der Havel in Gebautes umzusetzen. Die beiden kreativen Partner des Kronprinzen waren Peter Joseph Lenné (1789–1866) und Karl Friedrich Schinkel (1781–1841).

Beide, den Landschafts- und Gartenarchitekten Lenné und den Architekten Schinkel, hatte Friedrich Wilhelm III. nach Berlin und Potsdam geholt. Denn der ernsthafte und eifrig bemühte Landesvater erkannte früh, daß ein Land wie Preußen gute Architekten und Baumeister brauchte, damit die anstehenden Bauaufgaben eines Staates an der Schwelle zur Industrialisierung zu erfüllen waren. Er gründete 1799 die Bauakademie in Berlin und förderte und unterstützte wie kaum ein anderer die schöpferischen Kräfte Preußens. Er ließ sich von kundigen Männern beraten, seit 1805 arbeitete beispielsweise der große Naturforscher Alexander Freiherr von Humboldt (1769–1859) in seinen Diensten und wohnte zeitweise im berühmten blau-weißen Zeltzimmer von Schloß Charlottenhof. Und er ergriff die Gelegenheit, mit Lenné und Schinkel zwei herausragende Künstler an sich zu binden. So entstanden während seiner Regierungszeit bedeutende Bauwerke – besonders in Berlin und zumeist von Schinkel konzipiert –, ohne daß der König dabei seine architektonischen Vorstellungen zum allgemeingültigen Maßstab gemacht hätte, wie es seine Vorgänger getan hatten.

Friedrich Wilhelm III. unterstützte in Potsdam den Bau privater Häuser und Villen ebenso, wie er den Bau öffentlicher Gebäude beförderte – moderner Militärbauten zum Beispiel, in denen vor allem die unteren Führungskräfte gut ausgebildet werden soll-

Am Alten Markt stand einst das Potsdamer Stadtschloß, Zentrum und Orientierungspunkt der Stadt. Mit Bäumen wird inzwischen versucht, die Konturen des abgerissenen Gebäudes nachzuempfinden. Im Hintergrund die Nikolaikirche.

Die Kuppel der Nikolaikirche – von Karl Friedrich Schinkel entworfen – ist bis heute Symbol der baugeschichtlich so reichen Stadt.

ten, denn tief saß in ihm der Schock der Niederlage von 1806 gegen die flexible, moderne und nicht von Standesdünkeln beherrschte Napoleonische Armee. Zwei dieser Gebäude, an denen Schinkel unbestritten mitgewirkt hat, waren das Kadettenhaus (1819–1822) und die bis heute erhaltene Lehrabteilung des Lehrinfanteriebataillons (1826–1828).
Eines der Meisterstücke Schinkels in Potsdam entstand an der Waisenstraße: das Zivilkasino (1820–1824, 1945 zerstört), ein Versammlungshaus für Offiziere und Bürger, das wie ein kleines, edles Palais ausgeformt war und das Friedrich Wilhelm III. den Potsdamer Bürgern schenkte: „Ich habe dieses Gesellschaftshaus in der Absicht geschenkt, damit die Geselligkeit dadurch gefördert werde. Diese aber entsteht durch den friedlichen Austausch der Gedanken und Gefühle. Um ihn vor langweiliger Monotonie zu bewahren, ihn lehrreich und unterhaltend zu machen, ist es nötig, den Kreis der Mitglieder weit zu machen und verschiedene Stände und jeden unbescholtenen Bürger mit seiner Familie aufzunehmen." Politik des gutwilligen Königs im Junkerstaat Preußen – zu diesem Gebäude hatten Zivilisten ebenso Zutritt wie Offiziere.
„Ich habe es gleich gesagt, daß man in einem viereckigen Raum nicht hören würde, aber die Herren haben es besser verstehen wollen", soll der König nach der Einweihung der neuen Nikolaikirche am Alten Markt am 17. September 1837 geschimpft haben, bei der die Predigt von der Kanzel im Kirchenraum kaum zu verstehen war. Die Herren – das waren Kronprinz Friedrich Wilhelm und Karl Friedrich Schinkel. Der König wollte anstelle der 1795 abgebrannten barocken Nikolaikirche eine Basilika mit zwei Türmen sehen, Schinkel und der Kronprinz hatten statt dessen einen Zentralbau mit flachem Satteldach und einem Portikus mit sechs Säulen erstellen

lassen, der sich an einem 1797 von Friedrich Gilly (1772–1800) vorgestellten Entwurf orientierte. Eigentlich sollte eine hohe Kuppel die Kirche bekrönen, doch der König hatte sich dagegen gewehrt. Ihm waren die aufwendigen Ideen „der Herren“ zu teuer, und sie entsprachen nicht seinen Vorstellungen von einem schlichten Kirchenbau, wie er ihn für angemessen hielt. Daß das Bauwerk nach seinem Tod doch von einer Kuppel gekrönt würde und daß der Kirchenbau bereits dafür ausgelegt war, wußte oder zumindest ahnte er wohl.
Friedrich Wilhelm IV. nämlich schwebte spätestens seit 1826 ein hohes Monument im Zentrum der Stadt vor, mit dem das Potsdamer Stadtbild ausgezeichnet werden sollte – wie Rom durch den Petersdom oder London durch die St. Paul's Cathedral. 1843 erhielt Ludwig Persius (1803–1845), Schüler von Schinkel und seit 1829 leitender Bauinspektor beim Bau der Nikolaikirche, die Order, nun die Kuppel zu bauen. Friedrich Wilhelm III. war 1840 gestorben, Schinkel 1841. Persius veränderte die von Schinkel konzipierte äußere Form der Kuppel nicht, im Innern mußte er allerdings die Statik der Kirche verbessern und konnte dabei die Akustik verfeinern. Schinkel hatte bei der Nikolaikirche die von ihm und seiner eigenständigen Baukunst so geprägte deutsche Klassik zur reifsten Ausprägung gebracht, und die Kuppel wurde tatsächlich zum Wahrzeichen von Potsdam, wie es sich Friedrich Wilhelm IV. erträumt hatte: „Immer“, so schreibt in den zwanziger Jahren der Berliner Kulturkritiker Ludwig Sternaux (1885–1938), „bannt die schwärmenden Augen zuerst jene Kuppel. Sie gibt der Silhouette der Stadt den eigentümlich-fremdartigen Reiz, sie läßt das Stildurcheinander all der vielen anderen Türme und Kuppeln machtvoll in klassisch reiner Melodie aufklingen, sie erwirkt den südlich weichen Zauber, mit

Verträumte Idylle suchte Friedrich Wilhelm IV., als er Schloß Charlottenhof von Karl Friedrich Schinkel und den ausgedehnten Park von Peter Joseph Lenné entwerfen ließ.

Schloß Charlottenhof und die Römischen Bäder bilden ein Ensemble, das zu den schönsten in Potsdam gehört.

dem Potsdam immer wieder das Herz einfängt."
1945 wurde das Bauwerk, das in Preußen keine Nachahmung gefunden hat, weil die künstlerisch anspruchsvolle und teure Architektur praktisch nicht zu kopieren war, in Schutt und Asche gelegt: „Der Alte Markt bietet einen erschütternden Anblick. Schinkels Nikolaikirche, deren hoch ragende Kuppel den Fremden schon grüßte, wenn er sich im Zuge der Stadt näherte, ist zusammengesunken wie ein Ballon, dem die Luft entwichen ist. Die gewaltigen Säulentrommeln der Fassade sind wie ein Steinkatarakt die große Freitreppe hinuntergestürzt und rufen Erinnerungen an die griechischen Tempelruinen auf Sizilien wie Selinunt wach. Der ganze Platz mit den gestern noch so festlichen Bauten Knobelsdorffs, dem Stadtschloß, dem Palazzo Barberini und dem Wohnhaus des Architekten bilden ein einziges, von Rauch und Brandgeruch erfülltes Trümmerfeld", schrieb die Kunsthistorikerin Hanna Grisebach 1945 nach dem Bombardement. Heute ist die Kirche wieder aufgebaut und steht in ihrer strengen Monumentalität würdevoll und einsam am leeren Alten Markt, dessen städtische Qualität jedoch für immer verschwunden ist.
Unter der Herrschaft von Friedrich Wilhelm IV. ist innerhalb der damals noch vorhandenen Mauern der Stadt kaum etwas gebaut worden, dafür um so mehr in der Landschaft von Potsdam. Bei seinem Regierungsantritt 1840 soll der König zu Lenné gesagt haben, so 1860 der Schriftsteller und Musikkritiker Ludwig Rellstab (1799–1860): „Wir haben der Bauten genug; ich will nicht neue Steinmassen in Berlin und Potsdam anhäufen. Allein wir haben keine Gegend; und kann ich auch diese nicht schaffen, so kann ich die vielen Räume, die mir zu Gebote stehen, doch zu einem anmutigen Aufenthalt, wenn auch nicht zu einer malerischen Landschaft gestal-

ten. Ich will mir ein Denkmal von grünen Bäumen setzen." Mit Grundstückskäufen versuchte er, die schon vorhandenen königlichen Gärten zu vergrößern und untereinander zu verbinden, Natur und Baukunst zu einem Gesamtkunstwerk zusammenzuführen und den ganzen Landstrich ästhetisch zu formen. „Auf diese Weise ist die Stadt in ein wahres Gartenparadies versetzt worden", schrieb Rellstab, „welches in seiner Gesamtheit, durch die Schönheit der Anlagen, die reichen Sculptur-Ausschmückungen und Bauten, nirgend in der Welt seines Gleichen findet." Offenbar nicht zur Freude aller: Der Dichter Theodor Storm, der von 1852 bis 1856 Assessor der Rechtswissenschaft in Potsdam war, soll, so berichtete Theodor Fontane von seinem Freund, „in den geschniegelten, überall eine künstlich ordnende Menschenhand verratenden Parks ein Verlangen nach dem Anblick eines ‚ehrlichen Kartoffelfeldes, das mit Menschenleben und Geschick in unmittelbarem Zusammenhang steht!'", verspürt haben.

Das erste gemeinsame Projekt von Schinkel, Lenné und Kronprinz Friedrich Wilhelm war Schloß Charlottenhof (1826–1829), wobei die einzelnen künstlerischen Leistungen nicht eindeutig einem der drei Gestalter zugeschrieben werden können. Denn in den Akten nicht vermerkt sind die unzähligen informellen Gespräche in den jeweiligen Arbeitszimmern oder auf privaten Einladungen und Geselligkeiten. Weil König Friedrich Wilhelm III. das Baubudget für seinen Sohn gering hielt, bewahrte Schinkel die 70 Jahre alten Mauern des Landgutes und baute das bescheidene Haus um in ein nobles Wohnhaus von eleganter Schlichtheit und in dem bürgerlichen Geist, den die Hohenzollern in Potsdam immer wieder gerne demonstrierten. Obwohl zweistöckig ausgelegt, wirkt das Schloß mit der großen, einer italienischen Villa nachempfundenen Terrasse und der doppelflü-

Mit dem Bau der Römischen Bäder hat Friedrich Wilhelm IV. seiner Sehnsucht nach Italien ein würdiges und stimmungsvolles Denkmal gesetzt.

Geschützt und mit hoher gärtnerischer Kunst gepflegt, gedeihen im Park von Sanssouci exotische Gewächse, wie etwa in den Italienischen Gärten von Schloß Charlottenhof.

geligen Eingangstür wie ein eingeschossiges weitläufiges Bürgerhaus. Für ein Schloß hatte das Haus äußerst bescheidene Räume: Das Wohnzimmer für den Kronprinzen war etwa 18 Quadratmeter groß, das seiner Frau 28 Quadratmeter. Überraschend an dem streng ausgeformten Gebäude ist der runde Erker der Schlafzimmer an der Nordseite, vermutlich eine Idee von Schinkel. Während die beiden Hauptfassaden mit Portikus und Säulen vorwiegend für den Anblick von außen gestaltet wurden, dienen die drei Fenster des Erkers traumhaften Ausblicken auf den Park und die ferne Kuppel des Neuen Palais. Schinkel, Maler und Architekt, entwarf jedoch nicht nur die Architektur eines Gebäudes, sondern präsentierte viele seiner Entwürfe mit Vorschlägen für die Gestaltung der Umgebung, und er entwickelte Schloß und Park Charlottenhof von Anfang an in enger Zusammenarbeit mit Lenné und Persius.
Der preußische Gartendirektor Lenné formte (1826–1829 eigentlicher Park Charlottenhof, endgültige Fertigstellung des Geländes 1836) aus Rasen, alten und neu gepflanzten Baum- und Buschgruppen, einem kleinen See, einem Wasserfall, Blumenbeeten, den Römischen Bädern mit ihren Sondergärten, einem Dichterhain und leichten Bodenerhebungen, die er durch Erdaufschüttungen gewann, einen englischen Landschaftsgarten, der sich wie ein vielfältiges Bühnenbild mit Vorder-, Mittel- und Hintergrund immer wieder verändert und neu erschließt. Anmutig finden Schloß und Park zueinander und lassen vergessen, daß dies nicht Italien ist mit seinen Zypressen und der milden Luft, sondern die doch so wenig spektakuläre Landschaft der Mark Brandenburg. Geschickt führen weich geschwungene Wege den Besucher durch den Park und erlauben immer neue Blicke auf die Landschaft und auf die verschiedenen Ansichten des weißen, einfachen Schlosses mit

den unerwarteten blauweiß gestreiften Fensterläden. Diese hatte der Kronprinz als Hommage an die bayerische Herkunft seiner Frau durchgesetzt.
Lenné gestaltete nicht nur die unmittelbare Umgebung von Charlottenhof neu. Wie bei allen seinen Projekten suchte er vielmehr auch die umgebende Landschaft einzubeziehen und mit Sichtachsen, Durchblicken, Aussichtspunkten eine Vielgestaltigkeit des Bildes zu erreichen. Er verwandelte den Park vom kronprinzlichen Schloß bis zum nordwestlich davon gelegenen Neuen Palais und bettete ihn mit Hilfe von Gesichtslinien, wie er die von ihm geschaffenen Sichtachsen nannte, in den Park von Sanssouci ein. Der Park von Charlottenhof wird dabei zur Vorderbühne eines sich wie eine Theaterbühne in die Tiefe ausdehnenden Landschaftsbilds mit genau festgelegten Aussichtspunkten. Friedrich Wilhelm IV. war vom Ergebnis der Arbeiten seines Gartendirektors so angetan, daß er 1847 bei dem Bildhauer und Akademieprofessor Christian Daniel Rauch (1777–1857) eine Büste von Lenné bestellte und im Park von Sanssouci aufstellen ließ.
Das bescheidene Schloß Charlottenhof war nur der Auftakt für größere Bauvorhaben des Kronprinzen. Nordöstlich des Schlosses entstand zwischen 1829 und 1836 eine Gruppe von Gebäuden, die zu den herausragendsten Arbeiten von Schinkel zählen: die Römischen Bäder. Modulierte Schinkel für Charlottenhof die Charakteristika italienischer Villen zu einer genialen und eigenständigen Architektur, so orientierte er sich bei den Römischen Bädern an der ländlichen Bauweise des Südens. Die vom Kronprinzen überlieferten Grundrißzeichnungen verraten in ihrer Rechtwinkligkeit nichts von dem Außerordentlichen der Baukörper und ihrer Dreidimensionalität, ihrer Bewegung und der Reichhaltigkeit des Formenspiels. Das Haus des Hofgärtners, das Gehilfenhaus

mit Ställen, der Teepavillon, die eigentlichen Römischen Bäder mit Ankleideräumen, Warmbad und Billardzimmer und die von Lenné gestaltete „italienische“ Landschaft – sie bilden eine komplexe und vielgestaltige Anlage, die an warmen Sommertagen vergessen läßt, daß dies alles nicht Italien ist. Ein hoher Turm mit Ziegeldach steht neben einem zweistöckigen Bau mit flachem Satteldach und einer Arkadenhalle, umlaufende Pergolen setzen sich bis zu anderen Gebäuden hin fort und verbinden die Bauten miteinander. Dazwischengesetzte Treppen, Terrassen, Lauben, Arkaden und Pflanzen wie Mais, Kürbis, Artischocken, Kardis und Zuckerrohr, die im sogenannten „italienischen Kulturstück“ an einem „albanischen Gitter“ aus halben Röhrenziegeln wachsen, machen die Römischen Bäder zu einem vielschichtigen, feinsinnigen Kunstwerk voller Harmonien – gerahmt von den weitläufigen Gartenanlagen von Sanssouci, die Lenné bei seinen Planungen für Charlottenhof und damit für die Römischen Bäder immer im Blick hatte.
Die Römischen Bäder waren für Schinkel nicht nur verträumte Spielereien seines Auftraggebers, wie sein im Teepavillon hängendes Gemälde „Blick in Griechenlands Blüte“ (1824–1825) ahnen läßt. Im Vordergrund errichten wohlgebaute, spärlich bekleidete oder nackte Männer einen Tempel, im Hintergrund steht eine von großen öffentlichen Bauten bestimmte Stadt am Meer – Schinkels Vision von einer vollkommenen Gemeinschaft, die sich durch Kultur, durch Baukultur selbst definiert, die öffentliches Tun hoch einschätzt und deren Bürger bereit sind, sich zu engagieren und für die Gemeinschaft einzusetzen. Weder in Charlottenhof selbst noch auf seinem Bild hat er die in den Landschaftsgärten der Zeit so beliebten Ruinen gestaltet. Er versteht sein von den Bauten der Antike inspiriertes Werk nicht als senti-

mentalen Rückblick, sondern als in die Zukunft weisend – als ein Angebot, die zunehmend drängenden sozialen Probleme vor allem in der wachsenden Großstadt Berlin mit außerordentlicher Baukultur zumindest abzumildern, wenn nicht gar zu lösen.
Für Schinkel waren seine Bauten und Landschaftsgärten soziale Räume. Sie sollten die darin sich bewegenden Menschen anregen, sich mit ihrer Umgebung auseinanderzusetzen und sich für sie und ihre Schönheit verantwortlich zu fühlen.
Ähnlich verstand auch Lenné seine Arbeit, etwa wenn er seinen im Lauf von 30 Jahren geplanten und ausgeführten Tiergarten in Berlin als „moralische Anstalt“ sah, als einen Ort, wo sich alle Schichten der Bevölkerung außerhalb der ständischen Ordnung erholen konnten und einander zu respektieren lernten. Schinkel und Lenné, zwei ungewöhnliche Beamte im preußischen Staatsdienst, waren einander verwandt in ihrem Bestreben nach Schönheit und Zweckmäßigkeit ihres Tuns – eine Verbundenheit, mit der sich ein Teil der außergewöhnlichen Gemeinschaftsleistungen dieser beiden Männer erklären läßt. Unverkrampft entwarfen sie Römisch-Antikes für die Havelstrände und verzauberten den märkischen Sand um Potsdam in ein Arkadien, in ein ländlich-sorgenfreies Schäferland, wie es schon die Dichter der Antike besungen haben.
Bereits während der Regierungszeit Friedrich Wilhelms III. entstanden rings um Potsdam private Wohnhäuser mit landschaftlich reizvollen Gärten. Unter seinem Sohn sollte der Villenbau systematisch gefördert und in die Gesamtplanung einbezogen werden, und der Villenstil, den vor allem Ludwig Persius meisterhaft beherrschte und verbreitete, entwickelte sich zum bevorzugten Baustil wohlhabender Familien nicht nur in Potsdam.

Die Römischen Bäder wurden im Villenstil gebaut, für Friedrich Wilhelm IV. eine architektonische Leitidee, die er für alle Bauvorhaben, ob Privatvilla, Dienstwohnung, Kirche oder Lustschloß, für angemessen hielt: malerisch ineinandergeschachtelte, meist zweistöckige Baukörper mit Turm, frei in der Landschaft gruppiert und mit Pergolen und Loggien, Erkern und Blumenfenstern oder mit Nischen für Statuen versehen. Während seiner Regierungszeit unterstützte der „Romantiker auf dem Thron", wie Friedrich Wilhelm IV. immer wieder genannt wurde, den Bau privater Villen, wenn sie im „italienischen Stil" gebaut wurden und damit seine Träume von einer italienischen Landschaft um Potsdam zu verwirklichen halfen. 1845 gewährte er zum Beispiel dem Kunstgärtner Heydert fast 5 000 Taler Zuschuß für den Bau seines Privathauses. Als ihn hingegen 1843 die rund 400 Weberfamilien aus Nowawes – einem Viertel in der Nachbarschaft von Babelsberg, das Friedrich der Große 1750 als Kolonie für aus Böhmen geflohene protestantische Weber hatte errichten lassen – gebeten hatten, ihnen angesichts fehlender Aufträge und ihrer großer Hungersnot zu helfen, hatte der König abgelehnt und die Weber aufgefordert, „sich durch eigene Kraft und Betriebsamkeit ihrer mißlichen Lage zu entziehen". Das Minimaleinkommen einer Weberfamilie, das zum bescheidenen Leben gereicht hätte, lag damals bei 62 Talern im Jahr. Hätte eine Weberfamilie 5 000 Taler vom König bekommen, hätte sie 80 Jahre davon leben können.

Politik hat den von der Allmacht des Königs überzeugten Friedrich Wilhelm IV. kaum interessiert. In Kabinettssitzungen schien es, als hörte er seinen Ministern aufmerksam zu und machte eifrig Notizen – viele seiner Architekturzeichnungen sind dort entstanden. Unermüdlich plante und entwarf er. Allein mehr als 300 Kirchenbauten in ganz Preußen hat der fromme König befördert; in Potsdam neben der Nikolaikirche vor allem die Heilandskirche in Sacrow und die Friedenskirche im ehemaligen Küchengarten Marly. Die Kirche in Sacrow sei „im italienischen Stil mit einem Campanile daneben" zu bauen und habe direkt am Wasser des Jungfernsees zu liegen, forderte der König 1840 Ludwig Persius auf. Die Saalkirche (1841–1844) mit ihren umlaufenden und nach außen offenen Arkaden ist wundervoll in die Landschaft eingebettet. Lenné hat den romantisch gelegenen Kirchenbau mit dem farbig abgesetzten, leuchtenden Ziegelmauerwerk, das an islamische Bauten erinnert und auch am maurischen Dampfmaschinenhaus für die Fontänen verwendet wurde, immer als Blickfang und wichtigen Bestandteil für die Verschönerung der Insel Potsdam gesehen und bei seinen Planungen entsprechend berücksichtigt. Wie so oft befaßte sich Friedrich Wilhelm IV. beim Bau der Kirche mit allen Details und war gleichzeitig noch mit anderen Aufgaben beschäftigt: Charlottenhof sollte eine Basilika bekommen. Anders als sein verehrtes Vorbild Friedrich der Große konnte ein preußischer König im 19. Jahrhundert allerdings nicht mehr einfach ein Stück Land „kaufen". Das in Frage kommende Gelände war dem keineswegs sparsamen König zu teuer, andere Möglichkeiten wurden erwogen, und am 14. April 1845, 100 Jahre nach der Grundsteinlegung zu Schloß Sanssouci und „im 30. Jahr des Friedens nach dem Sturz Napoleon's" wurde im ehemaligen, von Lenné umgestalteten Marly-Garten der Grundstein für die Friedenskirche gelegt: „Es scheint mir passend", schrieb der König, „eine Kirche, welche zu einem Pallast-Bezirk gehört, der den namen Sans Souci, ‚ohne Sorge' trägt, dem ewigen Friedensfürsten zu weihen und so das weltlich Negative: ‚ohne Sorge', dem geistlich Positiven:

Seinem italienischen Vorbild, dem Campanile von S. Maria in Cosmedin, nachempfunden, erhebt sich der Turm der Friedenskirche über dem Gotteshaus, einem von mehr als 300 Kirchenbauten, die König Friedrich Wilhelm IV. in Preußen angeregt hat.

Immer wieder wird von Friedrich Wilhelm IV. der Süden inszeniert: mit weiten Rasenflächen, Skulpturen und mit hellen Baumaterialien, die im Licht der märkischen Sonne aufleuchten und die eine Bauskulptur wie die Friedenskirche entrückt, fast unwirklich erscheinen lassen.

‚Frieden' entgegen oder vielmehr gegenüberzustellen . . ." 1848 wird das Gotteshaus eingeweiht, dessen Kirchenschiff die römische Basilika S. Clemente und dessen Turm den Campanile von S. Maria in Cosmedin zum Vorbild hatte. Weil der gewählte Bauplatz nicht am Wasser lag, wie es Friedrich Wilhelm IV. für alle seine Bauten vorschwebte, verwandelte Lenné ein bereits vorhandenes Gewässer am Chor in einen kleinen See, den Friedensteich, in dem sich die Kirche mit ihrem Campanile spiegelt. In der Gruft der von Ludwig Persius begonnenen und nach dessen Tod von Ferdinand von Arnim (1814–1866), Ludwig Ferdinand Hesse (1795–1876) und August Stüler (1800–1865) gemeinsam vollendeten, hellen und meditativ-heiteren Kirche wurden der König und seine Frau Elisabeth beigesetzt.
Jedes Bauwerk, jede Gartenanlage war ein Mosaiksteinchen in dem „herrlichsten und grandiosesten, meilengroßen, lebenden Landschafts-Gemälde", in das Friedrich Wilhelm schon als Kronprinz die Umgebung von Berlin und Potsdam umwandeln wollte. Für ihn war es deshalb auch selbstverständlich, daß er die Bauvorhaben seiner Brüder Carl und Wilhelm, des späteren Wilhelm I., begleitete und beeinflußte. Waren Charlottenhof sowie das Carl zugestandene Schloß Klein-Glienicke Umbauten, weil der König mit Rücksicht auf den Staatshaushalt den drei Prinzen keine Neubauten gestattete, so mußte Wilhelm auf ein angemessenes ländliches Domizil in Potsdam zunächst ganz verzichten. Erst im Sommer 1833 bekam er vom König „ein kleines Besitztum" auf dem Babelsberg genehmigt. Lenné soll dem Prinzen dieses Grundstück empfohlen haben. Der in der Nachbarschaft zu Schloß Klein-Glienicke gelegene Hang oberhalb der Havel sei ein idealer Ort für eine gotische Burg, wie sie der Prinz und seine Gemahlin, Prinzessin Augusta von Sachsen-Weimar, sich

wünschten. Lenné: „Würde jener Abhang gewählt, so würden auch an der Havel zwei Bruderschlösser so traulich nah bei einander liegen, wie der Rhein sie aus sagenhafter Zeit an seinen Ufern hat." Selbst der italienbegeisterte Friedrich Wilhelm fand, daß eine gotische Burg das richtige Bauprojekt für seinen Bruder und für den dunklen Babelsberger Hang sei und unterstützte es. Noch im Oktober 1833 bekam Schinkel den Auftrag, das Prinzenschloß nach dem Vorbild von Windsor Castle zu konzipieren. Beim Schinkelschen Entwurf ist die Hauptfassade streng und sorgfältig disponiert, und der klare, vertikal strukturierte und rhythmisch gegliederte Baukörper wird von den hohen Fenstern der Gesellschaftsräume und einem dicken zinnenbekränzten Turm charakterisiert. Prinzessin Augusta war mit dem Plan nicht zufrieden, sie veränderte das Werk während der Bauphase immer wieder und überlud es mit ihren spätromantischen Ideen – am Ende konnte sich Schinkel nicht mehr mit dem 99-Zimmer-Bau auf asymmetrischem Grundriß identifizieren. Er ließ sogar in seiner „Sammlung architektonischer Entwürfe" seine Ursprungsidee abdrucken und nicht das gebaute Ergebnis. Prinzessin Augusta hingegen gefiel ihre Arbeit. Sie schrieb im Juli 1837: „Der Babelsberg ist sehr hübsch geworden, das Schlößchen ist ganz klein, aber niedlich und bequem eingerichtet und die Aussicht wirklich schön . . ."

Lenné brachte das Projekt Babelsberg ebenfalls einen Mißerfolg: Die Architektur Schinkels wollte er in eine großzügige Parkanlage einbinden, mit dem benachbarten Schloßpark von Klein-Glienicke zusammenfügen und so die Landschaft um Potsdam weiter vervollkommnen. Mit einem schmalen Etat ausgestattet, entwarf er dafür einen zurückhaltenden englischen Landschaftsgarten, in den er, wie so oft, große Bäume setzen ließ, um rasch einen Park zu

Folgende Doppelseite: Englisches war Mitte des letzten Jahrhunderts en vogue, nicht zuletzt in der Architektur. Im Tudorstil erbaut, erstreckt sich Schloß Babelsberg oberhalb des Havelufers und bildet zusammen mit dem dicht bewachsenen Babelsberg ein eindrucksvolles Ensemble.

haben. Schlechte Wetterverhältnisse vernichteten einen Teil der angepflanzten Laubbäume und Ziersträucher, neue konnten jedoch nicht gekauft werden, denn die Finanzen des Prinzenpaars für die Parkgestaltung waren erschöpft – der Gartendirektor war nicht mehr wohlgelitten.
Mit der Thronbesteigung Friedrich Wilhelms IV. und der Ernennung Wilhelms zum Kronprinzen 1840 erhöhte sich das Haushaltsbudget für das Prinzenpaar, das jetzt vermehrt repräsentativen Pflichten nachkommen mußte, und die Ausformung von Park Babelsberg konnte üppiger als bisher fortgesetzt werden. Prinzessin Augusta holte sich nunmehr den berühmten Gartenkünstler und exzentrischen Adligen Hermann Fürst von Pückler-Muskau (1785–1871) nach Potsdam. Er äußerte sich in einer Denkschrift abfällig über die Ideen und die Arbeitsweise Lennés. Seine fürstlichen, glitzernden Eingebungen gefielen der Prinzessin – die Wasserspiele, Wasserfälle, Springbrunnen, die farbigen, auf die Blüten abgestimmten Porzellaneinfassungen der Beete und der vergoldete Eisendraht für den Rosengarten. Pückler-Muskau bekam den Auftrag, und er begann 1843 aus Park Babelsberg eine kunstvolle Gartenschöpfung zu machen, die heute nur noch zu ahnen ist.
Im Tagebuch von 1846 finden sich Erinnerungen an einen seiner zahlreichen Aufenthalte in Potsdam: „In Babelsberg endlich der liebenswürdigen, schönen Herrin die neuen Anlagen gezeigt, und viel Beifall und freundliche gnädige Worte gelöst. Es wird auch sehr hübsch, denn es wird kein Geld geschont, und ich habe plein pouvoir. Dies kompensiert reichlich die Dürftigkeit der Natur . . .“
Schloß Babelsberg veränderte die Architektur in Potsdam. Nicht mehr die Gesamtansicht eines Bauwerks und damit die Gestaltung eines Kubus war gefragt, wie sie Schinkel bei seinen Gebäuden in Potsdam

und Berlin so meisterhaft beherrschte, sondern die lange Panoramafassade, die ganz auf die Wirkung zu Aussichtspunkten hin gestaltet ist. Keine Erfindung des 19. Jahrhunderts: Schon Schloß Sanssouci war so gedacht. Babelsberg, Schloß Lindstedt, die Orangerie, das Schloß auf dem Pfingstberg und die an der geplanten Höhenstraße wie Perlen aufgereihten Bauten sollten diese Fassadenarchitektur fortsetzen, befürwortet von Friedrich Wilhelm IV., der nach dem Tod von Karl Friedrich Schinkel und Ludwig Persius zwar fähige, aber nicht mehr geniale Baumeister um sich hatte.

Womöglich schon in den zwanziger Jahren hatte Friedrich Wilhelm IV. eine Höhen-, die spätere „Triumphstraße", geplant, die den Mühlenberg östlich der Bornstedter Straße mit dem Belvedere auf dem Klausberg verbinden sollte. Schloß Sanssouci, das Schloß des von ihm sehr verehrten Alten Fritz, das Friedrich Wilhelm nach sorgfältigen Umbauten in den Seitenflügeln seit 1840 als Sommerresidenz nutzte, war trotz der damals noch unverstellten Aussicht auf die Havel bislang ein Solitär auf dem langgestreckten Hang geblieben. Großartige, weithin sichtbare Gebäude sollten nun den Park Sanssouci nach Norden abschließen, die Landschaft akzentuieren und die Schönheit und Einmaligkeit des Weinbergschlosses noch betonen. Als ideellen Kontrapunkt zum weltlichen „Sans-Souci" und als südlichen Abschluß von Park Sanssouci wollte Friedrich Wilhelm IV. die Friedenskirche mit Wohnhäusern für Dichter und Künstler zu einem geistig-kulturellen Zentrum machen. Im „italienischen" Sommerhaus neben der Friedenskirche hat allerdings nur ein einziger Künstler eine Weile gewohnt, nämlich der Dichter und Vorleser des Königs, Ludwig Tieck (1773–1853). Das Projekt der Triumphstraße blieb ein Fragment, ausgeführt wurden der Weinberg mit

dem Winzerhaus, das Triumphtor als Zeichen des Siegs über die Aufständischen der 1848er Revolution, die Mühlenterrassen und die Orangerie.
Sie begann Friedrich Wilhelm IV. 1840 als erstes zu planen. Persius bekam den Auftrag für einen Entwurf. Vorschläge wurden erarbeitet, begutachtet, verworfen, neue entwickelt und ebenfalls zur Seite gelegt. Als 1848 die Revolution ausbrach, reagierte der König, der die Monarchie als ideal und absolut ansah, trotzig: Er suchte nicht wirklich nach Antworten auf die brennenden Fragen seiner Zeit, sondern entschied sich in den Tagen der Barrikaden in Berlin, nun erst recht die lang erträumte Orangerie neben Schloß Sanssouci zu bauen. Er scheute sich nicht einmal, auch an den Revolutionstagen auf dem Baugelände seine Vorstellungen zu überprüfen.
Für die Orangerie (1851–1860) – von Ludwig Ferdinand Hesse konzipiert als sein größtes Bauwerk – diente dem König die italienische Renaissance als Quelle der Eingebungen: Villen in Rom und Florenz und dort nicht zuletzt die Uffizien. Auf der Höhenstraße in Sanssouci versuchte er einmal mehr, seine Idealvorstellungen von einer südländisch-romantischen Landschaft zu verwirklichen und dabei Architektur und Natur in Einklang zu bringen. Geschickt verbanden die von 1860 bis 1862 entstandenen weitläufigen Terrassen vor dem Gebäude die große Baumasse des 300 Meter langen Schlosses – denn das war die Orangerie in Wirklichkeit – mit dem Park von Sanssouci und mit der weitläufigen Hügellandschaft. Die Pracht und Klarheit der von Lenné nach dem Vorbild der Villa d'Este in Tivoli entworfenen, doch unvollständig ausgeführten Gartenanlage mit ihren farbigen Blumenbeeten und Springbrunnen ist heute verschwunden, die Terrassen ließ Kaiser Wilhelm II. 1913 teilweise umbauen.
Verblüffend ist das Raumprogramm des Schlosses.

Verträumt und in sich gekehrt steht der Alte Fritz vor der Orangerie, die den Park von Sanssouci nach Norden abschließt. Die Orangerie: gebaut als Schloß und als Winterquartier für die empfindlichen Palmen und Orangenbäume.

Während in den langgestreckten Seitenflügeln tatsächlich exotische Kübelpflanzen überwinterten, enthielt der hervorgehobene und dadurch betonte Mittelbau mit den beiden hohen Türmen und herrlichem Ausblick auf die Landschaft eine königliche Gästewohnung und den Raffael-Saal, das Zentrum des Hauses. In ihm hingen Kopien berühmter Werke des Meisters, den Friedrich Wilhelm IV. bewunderte und verehrte. In den Eckpavillons, mit denen die langgestreckte Fassade gefaßt wurde, waren weitere Gästewohnungen und Räume für den Hofstaat vorgesehen.

Schon Friedrich Wilhelm III. hatte enge Kontakte zu Rußland gepflegt, hatte doch seine Tochter Charlotte, dann Zarin Alexandra Fedorowna, den russischen Zaren Nikolaus I. (1796–1855) geheiratet. Für ihn, den absolutistisch-despotisch regierenden Herrscher und Schwager Friedrich Wilhelms IV., wurden in der Orangerie spezielle Räume eingerichtet, die sich um den Raffael-Saal gruppierten. Selbst als der Zar 1855 starb, befahl der preußische König, dessen Räume weiter auszubauen, so als sähe er sie als ein Bollwerk gegen die anstürmenden demokratischen Forderungen seiner preußischen Untertanen.

Die Vollendung des Schlosses hat Friedrich Wilhelm IV. nicht mehr erlebt. Vor dem Gebäude ist ihm ein Denkmal gesetzt, das Ludwig Sternaux an einem warmen Sommerabend 1930 besucht hat: „Noch einmal die Orangerie, nun von oben, zauberhaft im sinkenden Licht, das Bassin spiegelt rosige Wolken, Goldfische äugen aus der Tiefe, in der das Gestern Friedrich Wilhelms IV. schläft. Da steht er selbst, weißer Marmor, und ergriffen erkennt man in dem Antlitz mit den toten Augen die Ähnlichkeit mit der Mutter, mit Luisen. Zu seinen Füßen verdämmert der Park, den er so sehr geliebt. Sanssouci, der Hof mit der Kolonnade. Die Kastellane haben

Feierabend gemacht, sie stehen vor den Türen, schnappen Luft nach dem heißen Tag, rauchen. Die stille Luft trägt die blauen Wölkchen, leise ziehen sie, zerteilen sich, entschwinden zwischen den Säulen, die noch einmal die heroische Barocklandschaft des Ruinenberges rahmen."

Zu welchen schöpferischen Werken Friedrich Wilhelm IV. gefunden hätte, wenn die Architektur wirklich seine Profession hätte sein können, diese Frage muß unbeantwortet bleiben. Die Zusammenarbeit mit herausragenden Künstlern hat ihn immer aufs Neue beflügelt, und seine Projekte wurden so in einen realistischen Rahmen gestellt. Er und sein Vater haben die Genialität großer Meister für ihre Bauten zu nutzen gewußt: Friedrich Wilhelm III. hat für Schloß und Dorf Paretz (1797–1804) den Architekten David Gilly (1748–1808) geholt, den Vater von Friedrich Gilly, der Schinkel unterrichtete. Albert Dietrich Schadow (1797–1869) verwandelte auf der Pfaueninsel die Wünsche Friedrich Wilhelms III. in Gebautes und entwarf für dessen zweite Frau, Auguste Fürstin von Lignitz (1800–1873), die Villa Lignitz. Mit dem Bau der Kapelle für die russische Blockhauskolonie Alexandrowka wurde Karl Friedrich Schinkel beauftragt, dessen erstes Werk ganz in der Nähe stand: 1800 hatte Schinkel auf dem Pfingstberg für den königlichen Hofrat und Topographen Karl Ludwig Oesfeld (1741–1804) einen Pavillon errichtet, der heute wieder restauriert ist. Schinkel plante auf Anregung von Friedrich Wilhelm IV. und dessen Bruder Carl auch den Umbau von Schloß Klein-Glienicke. Ludwig Persius machte Pläne für Belriguardo, ein weiteres Schloß an der Havel, und bei dem als Moschee gestalteten Dampfmaschinenhaus für die Fontänen von Park Sanssouci umhüllte er pfiffig den 36 Meter hohen Schornstein mit einem Minarett. Unvollendet blieb das von Ludwig

Folgende Doppelseite: Rußland in Preußen: Für die Kolonie Alexandrowka unterhalb des Pfingstberges, die für zwölf russische Sängersoldaten und ihre Familien gebaut wurde, entwarf Peter Joseph Lenné den Straßenplan, der an das russische Andreaskreuz erinnert.

Ferdinand Hesse entworfene Belvedere auf dem Pfingstberg oberhalb des Schinkelschen Pavillons, dessen Aussicht der Berliner Mundartdichter Franz Lederer (1882–1945) 1922 als „eine der schönsten im ganzen nördlichen Deutschland“ pries. 1847 begonnen, wurde die 25 Meter hohe Doppelturmanlage mit Aussichtsterrasse 1863 provisorisch zu Ende gebaut, aber nie wirklich genutzt. Sie sollte den Neuen Garten mit dem Marmorpalais künstlerisch einfassen. Schloß Lindstedt, ein ehemaliger Gutshof, den Friedrich Wilhelm IV. sich seit 1828 zu einem Fürstensitz ausbauen wollte – weitläufig, luxuriös, an antiken Villen orientiert –, wurde kurz vor seinem Tod 1860 von Hesse noch eilig fertiggestellt. Doch der König war bereits schwer krank und lebte in geistiger Umnachtung. Er hat das seltsam „entzückende Schlößchen Lindstädt“, so die Berliner Schriftstellerin Dorothee Goebler (1867–1945), „das wie ein Märchenhaus am Rande des alten Buchenwaldes in weltferner Abgeschiedenheit“ lag, nicht mehr wahrnehmen können.
„Nicht allein durch seine exponierte Stellung“, schrieb Friedrich Mielke in seinem Werk über die Potsdamer Baukunst, „mehr noch durch seine persönlichen, künstlerischen und menschlichen Qualitäten wurde Friedrich Wilhelm IV. bis über die Mitte seines Jahrhunderts hinaus zum eigentlichen Gestalter der Potsdamer Region.“

Kaiserzeit – oder: das Ende der Hohenzollernherrschaft (1861–1918)

Mit dem Tod Friedrich Wilhelms IV. 1861 endete das Engagement der Hohenzollern in der zweiten Residenz. Seine Nachfolger widmeten sich anderen Aufgaben als dem „Landschafts-Gemälde“: Statt Preußen hieß es ab 1871 ein größeres Reich zu regieren. Kaiser Wilhelm I., der auch jetzt noch gern und bevorzugt in Babelsberg wohnte, hat trotz seines Interesses am Militär wenig für die „Soldatenstadt" getan.

Immerhin, die Hohenzollern bauten weiterhin in Potsdam: Im Schicksalsjahr 1888, in dem sowohl Kaiser Wilhelm I. als auch sein Sohn Friedrich III. starben – dieser von vielen mit großen Hoffnungen erwartete liberale Kaiser verschied nach nur 99 Tagen Regierungszeit –, entschied man, ein Mausoleum für die Hohenzollernmonarchen an der Friedenskirche in Potsdam zu errichten, an einer Stelle, die schon Friedrich Wilhelm IV. dafür geeignet erschienen war. Der Architekt und Hochschullehrer Julius Carl Raschdorff (1823–1914) erhielt den Auftrag, das Bauwerk zu entwerfen, das er in spätantiker Manier und angelehnt an die Pfalzkapelle Kaiser Karls des Großen in Aachen ausformte.

Das Neue Palais Friedrichs des Großen, das er für sich und seine große Verwandtschaft als Sommerschloß gebaut hatte, wurde nach seinem Tod zunächst zwar instandgehalten, aber nur wenig genutzt. Kaiser Friedrich III. und Kaiserin Victoria, die sich nach seinem Tod aus Liebe zu ihrem Mann Kaiserin Friedrich nannte, verbrachten gern ihre Sommer dort. Der Nachfolger schließlich, Kaiser Wilhelm II., blieb fast das ganze Jahr, nachdem eine Heizung eingebaut worden war, und er und Kaiserin Auguste Viktoria dekorierten die prächtigen Rokokoräume nach ihrem Geschmack: „Die Privaträume, Möbel, Gebrauchsgegenstände, übriggebliebenen Andenken und Kunstobjekte der Kaiserin und des Kaisers sind aber so spießbürgerlich nüchtern und geschmacklos ..." , erinnerte sich der Mitherausgeber der Zeitschrift Pan und langjährige Präsident der Deutschen Friedensgesellschaft, Harry Graf Kessler (1868–1937), in seinen Tagebüchern.

In Potsdam proklamierte Kaiser Wilhelm II. in Erinnerung an Friedrich den Großen den Neobarock als Baustil für offizielle Staatsbauten. Für die Kirchenbauten hatte sich in der Mark Brandenburg schon seit Friedrich Wilhelm III. die Neogotik als einer der bevorzugten Stile etabliert; im Kaiserreich setzte sie sich nun endgültig für diese Bauaufgabe durch. Privat schätzte der Kaiser vor allem Englisches: Marine, Jagd, Gartenkunst und englische Architektur. „Englisches“ war in Deutschland ohnehin en vogue: Der Architekt Hermann Muthesius (1861–1927), Mitbegründer des Deutschen Werkbundes (1907), hatte mit seinem dreibändigen Werk über „Das englische Haus“ (1904–1905) die deutschen Architekten begeistert, darunter den Architekten und Kunstschriftsteller mit nationalsozialistischer Ideologie Paul Schultze-Naumburg (1869–1949). Er hatte sich bereits mit zahlreichen bequemen, repräsentativen Villen und Landhäusern einen Namen gemacht, als er 1912 von Kronprinz Friedrich Wilhelm und dessen Ehefrau Cecilie von Mecklenburg-Schwerin den Auftrag bekam, ein neues Schloß in Potsdam zu bauen: Schloß Cecilienhof (1912–1917). Das 14. und letzte Schloß der Hohenzollern in Potsdam wurde ein komfortables und elegantes Landhaus mit 176 Räumen im englischen Stil. Geschickt gruppierte und staffelte der Architekt die Baukörper um fünf Höfe, ließ so das komplex ausgeformte Gebäude kleiner, ländlicher erscheinen und bettete es damit harmonisch in die historische Kunstlandschaft des Neuen Gartens ein. Die Innenausstattung kam zum Teil aus den Werkstätten Bruno Pauls (1874–1968) und aus der Berliner Kunstgewerbeschule; zu beiden pflegte die Kronprinzessin enge und anregende Kontakte. Bruno Paul zählte zu den modernen Architekten und Designern der Zeit und war einer der bekanntesten Möbelentwerfer in Deutschland.

Während die Bevölkerung kriegswichtige Metalle an staatliche Stellen ablieferte, wurde in Cecilienhof gebaut. Während im Frühjahr und Sommer 1916 ganze Armeen in Verdun und an der Somme verbluteten, näherte sich der Schloßbau der Vollendung. Während 1917 die Westfront von der deutschen obersten Heeresleitung in die Siegfriedstellung zurückgenommen werden mußte, wurde Cecilienhof fertiggestellt – für acht Millionen Goldmark. Von 1917 bis zum Ende der Monarchie 1918 wohnte die Kronprinzenfamilie darin, später diente es Mitgliedern des ehemaligen Königshauses als Domizil. Als die Hohenzollern 1945 Potsdam vor dem Bombardement verließen, verloren sie endgültig das Schloß, denn in einer Vereinbarung von 1926 war festgelegt worden, daß der Staat das Schloß übernehmen würde, „,sobald das an Cecilienhof eingeräumte Wohnrecht aufgegeben wird oder sonst erlischt".

Zerstörung und Rettung – oder: Potsdam von 1918 bis heute

Fast vier Jahrzehnte später machte Schloß Cecilienhof wieder Geschichte. Im Frühjahr 1945, nach dem Bombardement vom 14. April, hatte die Rote Armee die Stadt erobert, und der Oberleutnant Prof. Dr. Jewgenij Fjodorowitsch Ludschuweit hatte den Befehl, die Schlösser und Gärten von Sanssouci und Potsdam vor der Zerstörung durch kämpfende Truppen zu schützen. Der Kunsthistoriker setzte alles daran, dieses Ziel zu erfüllen, und bat das deutsche Oberkommando mit einem Funkspruch, die Kunstwerke von Sanssouci außerhalb der Kampfhandlungen zu lassen. „Ich war sehr besorgt um die Schätze, wollte, daß sie erhalten blieben", schrieb er 1965. „Die Tage, die folgten, brachten harte Arbeit. Ich erinnere mich noch genau, als ich in die Orangerie kam und die Kakteen sah. Zwar ist Botanik nicht mein Spezialfach, aber einiges verstehe ich davon. Ich wußte also, daß diese prächtigen Pflanzen etwa 33 Grad Wärme brauchen. Das bedeutete für uns: heizen und nochmals heizen. Aber dann kam gleich die erste Sorge: Woher die Kohlen nehmen? Einen kleinen Vorrat hatten wir, das übrige wurde besorgt. Jeder wird sich denken können, daß das gar keine leichte Sache war. Aber wir haben es geschafft, die Pracht in den Gewächshäusern hat es überstanden, und die Natur kam uns mit gutem Wetter zur Hilfe. Ich war ihr sehr dankbar dafür." Dem großen Engagement dieses gebildeten Kunsthistorikers ist es zu verdanken, daß in Potsdam viele Kunstschätze gerettet werden konnten, die sonst zerstört worden wären.

Darunter war auch Schloß Cecilienhof, Ort der Potsdamer Konferenz, dafür ausgewählt vom sowjetischen Marschall Georgi Konstantinowitsch Shukow (1896–1974), nachdem er befunden hatte, daß das zerstörte Berlin „keine geeigneten Voraussetzungen für eine Gipfelkonferenz habe". In Potsdam sah es ähnlich aus: „Potsdam war ebenfalls so stark zerstört, so daß es schwierig gewesen wäre, die Delegationen dort unterzubringen. Das einzige erhalten gebliebene große Gebäude war Schloß Cecilienhof. Dort gab es Raum genug für Sitzungen und für die Arbeit der zahlreichen Experten und Berater."

In kürzester Zeit – von Ende Mai 1945 bis zum Beginn der Konferenz am 17. Juli 1945 – mußten in Schloß Cecilienhof „36 Zimmer und der Sitzungssaal mit drei separaten Eingängen generalüberholt werden ... Im Park wurden unzählige Blumenbeete angelegt, an die 10 000 Blumen und Hunderte Ziersträucher angepflanzt." Die Sitzungen fanden im größten Raum statt: „In der Mitte des Zimmers stand ein riesiger runder Tisch. Der runde Tisch

war, da sich in Berlin keiner von dem nötigen Ausmaß auftreiben ließ, dringend in der Fabrik ‚Lux' in Moskau hergestellt und nach Potsdam gebracht worden." Sommer 1945 im Schloß Cecilienhof.
Bis 2. August 1945 blieben die Vertreter der Alliierten in Potsdam: Josef Stalin, Winston Churchill und Harry S. Truman wohnten im Villenviertel von Babelsberg. In der Villa Müller-Grote, die dem gleichnamigen Verleger gehört hatte, residierte der amerikanische Präsident Harry S. Truman und unterschrieb dort den Befehl zum Abwurf der Atombomben über Hiroshima und Nagasaki. Nicht weit davon entfernt lag die Villa Urbig, ein neoklassizistisches Frühwerk von Ludwig Mies van der Rohe, das Winston Churchill als Domizil gewählt hatte. In der heutigen Hochschule für Film und Fernsehen, in der Villa Herpich, hatte Josef Stalin sich seinen vorübergehenden Wohnsitz einrichten lassen. Am Ende der Konferenz waren die Grenzen in Europa neu gezogen, die Teilung Deutschlands wurde festgelegt, Preußen als Staatsgebilde aufgelöst, Potsdam zu einem Provinzstädtchen abgewertet. Babelsberg wurde Grenzgebiet zwischen der sowjetischen und der amerikanischen Besatzungszone, später zwischen der DDR und der Bundesrepublik.
Bis 1933 war das Stadtviertel oberhalb des Griebnitzer Sees eine bevorzugte Wohngegend in Potsdam gewesen: viele jüdische Industrielle, Intellektuelle, Filmschaffende, Regisseure und Schauspieler, darunter Heinz Rühmann, hatten sich oberhalb der Glienicker Brücke und Schloß Babelsbergs ihre bürgerlichen Paläste gebaut. Denn Babelsberg war weltberühmt wegen seiner Filmstudios: 1912 ließ die Firma Bioscop zwischen Neubabelsberg und Nowawes die ersten Studios bauen, die nach dem Ersten Weltkrieg und nach der Gründung der Universum Film AG, der Ufa, zu den erfolgreichsten Produktionsstätten

In dem braunroten Holzhaus mit den weißen Fenstern hat der Physiker und Nobelpreisträger Albert Einstein mit seiner Frau Elsa von 1929 bis 1932 ohne Telephon, aber mit zahlreichen Besuchen von Freunden und Wissenschaftskollegen gelebt. Das Sommerhaus war ein Geschenk der Stadt Berlin an den herausragenden Wissenschaftler zu dessen 50. Geburtstag.

Der Einstein-Turm, gebaut als Forschungslabor, in dem die von Albert Einstein formulierte Relativitätstheorie experimentell nachgewiesen werden sollte. Für den Architekten Erich Mendelsohn war der weiße und im Stil des Expressionismus geformte Bau eines seiner ersten Werke und ist bis heute eines seiner bekanntesten Gebäude.

der Welt zählten. In Babelsberg entstand Mitte der zwanziger Jahre der erste vollständige Tonfilm Deutschlands, in Babelsberg begann 1930 mit dem Film „Der blaue Engel" die Weltkarriere von Marlene Dietrich. Während des Nationalsozialismus wurde hier weiter gedreht, ebenso nach der Machtübernahme der SED in der DDR, nun in den Studios der Deutschen Film-AG, der DEFA. Seit der Wende schreiben Investoren die Drehbücher für Babelsberg: Von einem Film- und Medienzentrum ist die Rede, einer Filmhochschule, einer Filmproduktionsstätte.

Medienstadt Potsdam? Jedenfalls Universitätsstadt Potsdam: Seit 1992 hat Potsdam eine Universität. Als wissenschaftlicher Standort hatte sich die zweite Residenz Preußens bereits im vorigen Jahrhundert etabliert: Auf dem Telegraphenberg wurde 1875 das Astrophysikalische Institut gebaut, später das Meteorologisch-magnetische Observatorium und das Geodätische Institut. Unmittelbar nach dem Ersten Weltkrieg bekam ein junger Architekt die Chance, seine Visionen einer expressiv-organischen Architektur umzusetzen: Erich Mendelsohn (1887–1953) formte von 1920 bis 1922 aus Ziegelstein und Putz eine weiße Plastik als Gebäude für das Astrophysikalische Institut und dessen Laboratorium, in dem die Relativitätstheorie von Albert Einstein überprüft werden sollte. Aufregend avantgardistisch steht der 20 Meter hohe Einstein-Turm im Wald oberhalb der Stadt, die sich mit architektonischen Experimenten seit langem zurückgehalten hatte.

Albert Einstein (1879–1955) selbst wurde in der Nachbarschaft des Telegraphenbergs heimisch: Am Berghang oberhalb des Dörfchens Caputh ließ sich der Physiker und Nobelpreisträger 1929 von dem Architekten Konrad Wachsmann (1901–1972) ein schlichtes rotbraun gestrichenes Sommerhaus aus

Holz erstellen, das er bis 1932 bewohnte. Konrad Wachsmann hat in Caputh als einer der ersten in Deutschland mit dem Bau von Fertigteilen experimentiert, ein Verfahren, das er aus den USA kannte. Namhafte Künstler und Wissenschaftler besuchten Einstein in Caputh, darunter Gerhart Hauptmann, Heinrich Mann, Max Liebermann und Max Planck. Auf ein Telefon verzichtete Einstein absichtlich. Angerufen wurde bei den Nachbarn, und die informierten ihren Professor mit einem Trompetensignal. Lange Töne hießen, der Anruf war für die Frau, kurze Töne waren das Signal für ihn. Die Caputher schätzten ihn, auch wenn sie erstaunt darüber waren, daß er seine Haare lang trug, wo doch gerade kurz Mode war. Nach der Ausbürgerung durch die Nazis ging er nach Amerika, wo er 1955 in Princeton starb.
War Potsdam schon vor dem Zweiten Weltkrieg eine zunehmend von Beamten, Industriearbeitern und Wissenschaftlern bewohnte Stadt, so entwickelte es sich nach der Gründung der DDR 1949 immer mehr zu einem akademischen Ort. Zahlreiche Hochschulen, darunter die Pädagogische Hochschule, die in die Räume der Communs des Neuen Palais zog, brachten Studenten und Hochschullehrer in die einstige zweite Residenz Preußens. Und wie die preußischen Beamten schätzten auch SED-Funktionäre für die Zeit ihrer Rente die Behaglichkeit der Stadt, und Soldaten, nun deutschdemokratische und sowjetische, dominierten weiterhin im Stadtbild.
Große Bauten namhafter Architekten sind in Potsdam seit 1917 nicht mehr entstanden. Gewiß, Ludwig Mies van der Rohe und Erich Mendelsohn haben in Potsdam gebaut, Egon Eiermann errichtete sich an der Havel sein Privathaus, und Hans Scharoun baute in Bornim. Aber viel mehr als private Villen und ein Laboratorium waren es nicht.

Warum Friedrich der Große sich beim Neubau des Nauener Tors für den in England gerade in Mode kommenden neugotischen Stil entschied, bleibt bis heute ein Rätsel für die Kunsthistoriker: Erst 100 Jahre später wird diese an englischer Tradition sich orientierende Bauweise in ganz Europa verbreitet sein. Zu DDR-Zeiten wurde das Tor immer mehr dem Verfall preisgegeben.

Einst bot sich von Schloß Sanssouci aus ein weiter Blick auf die Havelberge. Heute verstellen Hochhäuser die Aussicht.

1945 brachte völlig neue Fragestellungen mit sich. Jahrhundertelang hatte das Stadtschloß am Alten Markt als topographischer und geistiger Mittelpunkt gewirkt – an dem Ort gelegen, an dem einst die Geschichte der Siedlung an der Havel begonnen hatte, am Flußübergang. Nach der Zerstörung durch die Bomben der Alliierten und dem Abriß des Schlosses durch die sozialistische Regierung, die sich vorgenommen hatte, die Symbole der monarchistischen Vergangenheit, des untergegangenen Preußenstaats abzureißen und abzutragen, blieb ein amorphes Geflecht von Straßen ohne Anfangs- oder Endpunkt. Plattenbauten mit Zehntausenden von Wohnungen wurden meist ohne Berücksichtigung des historischen Stadtgrundrisses aufgestellt, die Erinnerung an die historische Stadt darunter begraben und die Sichtachsen von Lenné mit Hochhäusern zugestellt. Die großen, von den DDR-Behörden geplanten Magistralen taten ihr übriges, die mittelalterliche und friderizianische Stadtstruktur zu zerschneiden, und hinterließen an vielen Stellen ein innerstädtisches Brachland, für das neue Lösungen gefunden werden müssen.
Seit 1989 eine andere Baupolitik: Der Stadtkanal soll wieder ausgegraben werden, fordern Denkmalschützer und Stadtplaner, einige der Hochhäuser sollen „rückgebaut" werden, um die Sichtachsen wieder freizubekommen. Wohnungen müssen gebaut werden; in der Stadt werden laut Prognosen zu Beginn des nächsten Jahrtausends statt 130 000 etwa 250 000 Menschen leben. Menschen, die Arbeit brauchen: In Babelsberg soll ein 100 Meter hoher Büroturm für die Medienstadt Potsdam entstehen, als Wahrzeichen der Stadt, der weithin sichtbar sein und die Stadtsilhouette bestimmen würde. Die Universität will ebenfalls erweitern und dabei das Neue Palais und die Communs im Westen und im Süden

mit Neubauten umstellen. Und über dem Stadtbahnhof soll ein Betonplateau errichtet werden, das Geschäftsbauten trägt, die das bisherige Niveau der vorhandenen Bauten überragen und die Aussicht an dieser Stelle zerstören werden. Neugebaute Komfortwohnungen auf dem Glienicker Horn haben im „Landschafts-Gemälde" Friedrich Wilhelms IV. bereits einen erheblichen Riß hinterlassen.

Dabei könnten das sorgfältige Bewahren der historischen Substanz und die behutsame Neuplanung von Wohnungen und Büros ein langfristig angelegtes Kapital sein, bringt doch der Denkmalschutz durchaus etwas ein: 1,6 Millionen Menschen besuchen jährlich Potsdam und seine Baudenkmäler und Gärten, ohne bislang eine wirkliche Infrastruktur wie Gaststätten und Restaurants vorzufinden. Aber schon Friedrich Wilhelm IV., der sich so leidenschaftlich mit der Gestaltung der Kulturlandschaft Potsdam befaßte, hat nicht gesehen, welch Trojanisches Pferd er in die Stadt ließ, als er den Bau der Eisenbahn begrüßte. Er empfand die Idee einer qualmenden Dampflok als reizend und belebend für sein Landschaft-Gemälde. Daß die Trassen der neuen Zeit die historische Stadt von ihrem südlichen Teil abschnitten, konnte oder wollte er nicht erkennen.

In der Weite der Havellandschaft mit ihren Seen und sanften Hügeln, hier am Templiner See, sind Kunstwerke von außerordentlichem Rang entstanden – und damit eine einzigartige Kulturlandschaft.

Epilog

Potsdam – oder: erstaunlich viel Himmel

Im Laufe seiner Stadtgeschichte hat Potsdam immer wieder neue und ungewöhnliche Baustile aufgenommen und in die Stadt integriert: „Die pompösen Palazzi aus Rom und Florenz, die roten Ziegelhäuschen Hollands, das mittelalterliche ungefüge Nauener Tor neben den hochgeschwungenen Triumphbögen des Brandenburger und des Berliner Tors, in der Kolonie Alexandrowka die russischen Blockhäuser, die Villen der Babelsbergzeit im Tudorstil – alles ungeregelt durcheinander und doch harmonisch in sich ausgeglichen!" Potsdam ist so nie nur eine durch preußischen Drill geprägte Kasernenstadt gewesen: „Es war viel mehr. Es war ein Kunstwerk, an dem Generationen von Herrschern und die besten deutschen Baumeister unablässig gearbeitet, es zu vollenden." Vielleicht läßt sich heute etwas von dem ungewöhnlichen „ungeregelten Durcheinander", wie es Ludwig Sternaux in den zwanziger Jahren in Potsdam geschätzt hat, fortsetzen und dem Gesamtkunstwerk mit außergewöhnlichen Bauten eine neue Note hinzufügen.
Denn keine andere Kunstform hat in Potsdam so herausragende und weltberühmte Werke hinterlassen wie die Architektur. Eingebettet in eine Landschaft, die der Schriftsteller Georg Hermann (1871–1943) 1929 als eine „ganz unerwartete Weite" beschrieben hat: „Erstaunlich viel Himmel und viel Licht liegt über dem Ganzen. Man sieht eine Menge Grün auf einmal. Parks, Gärten, Wälder. Sanfte ferne Hügelwellen machen uns glauben, daß die Stadt selbst mit ihren Türmen und Kuppeln in einer Art von weiter Mulde läge." Eine Stadt, deren Wesen er treffend nachempfunden hat, wenn er schreibt, daß Potsdam nie eine „eigentlich wehrhafte Stadt, keine Stadtfeste des Mittelalters" war, trotz „eingerammter Pfähle

nach der Havelseite, aber es hatte mehr einen natürlichen Schutz im Wasser, in seiner Insellage. Und es wurde dann aus einem kleinen Landstädtchen zur Repräsentationsstadt, zur Königsstadt umgeschaffen. War also von Anfang an in der Gesinnung als eine reine Barockstadt, eine höfische Stadt gedacht, machte keinen Hehl daraus, eine künstliche Schöpfung zu sein. Und als solche wollte sie auch den Besucher empfangen, ihn gleich in seinen Festsaal führen, ohne ihn lange erst durch die Korridore laufen und antichambrieren zu lassen.“

Trotz vieler Millionen Besucher finden sich in der ausgedehnten Parklandschaft von Potsdam immer wieder stille Orte zum Träumen wie der Sonnenpavillon im Garten von Sanssouci.

Orte der Phantasie, der Erinnerung, der Ruhe: zum Beispiel der Pavillon bei der Friedenskirche.

Register

Inge Maisch, geb. 1951, lebt und arbeitet als freiberufliche Journalistin und Organisatorin von Architekturveranstaltungen in Hamburg.

Gert von Bassewitz, geb. 1942 in Berlin, lebt und arbeitet als freiberuflicher Fotograf in Hamburg. Er ist Autodidakt, befaßt sich mit der Darstellung von Raum und Licht und arbeitet hauptsächlich im Bereich der Architekturfotografie.

Die Deutsche Bibliothek – CIP-Einheitsaufnahme
Potsdam und Sanssouci / Gert von Bassewitz / Inge Maisch. – Hamburg : Ellert und Richter, 1995
(Edition Ellert & Richter)
ISBN 3-89234-599-6
NE: Bassewitz, Gert von; Maisch, Inge

Fotos: Gert von Bassewitz, Hamburg
Text: Inge Maisch, Hamburg
Lektorat: Annette Willenborg, Hamburg
Gestaltung: nach Entwürfen von Hartmut Brückne
Bremen
Lithographie: Lithographische Werkstätten Kiel, K
Satz: KCS GmbH, Buchholz/Hamburg
Druck: C. H. Wäser, Bad Segeberg
Bindung: Buchbinderei S. R. Büge, Celle